maraboutchef

# brunchs entre amis

# sommaire



Les températures indiquées dans ce livre font référence aux fours traditionnels ; si vous avez un four à chaleur tournante, diminuez les températures de 10 à 20 °C.

# petits déjeuners du monde entier

## États-Unis : pancakes au sirop d'érable, beurre fondu et lard

Les Américains sont connus pour leurs petits déjeuners copieux. Ils aiment déguster dès le matin des pancakes ou des gaufres. Les pancakes qui portent des noms différents en anglais, en fonction de leur épaisseur, sont tous préparés à partir de la même pâte de base, ce qui les distingue est l'ajout ou non de levure. Les griddlecakes sont des pancakes épais dont la pâte contient de la levure et du bicarbonate de soude. Ils ont une texture aérienne et un goût légèrement acide dû à l'utilisation de lait fermenté. Ils sont généralement servis avec du beurre fondu ou fouetté, du sirop d'érable et du lard croustillant. Même si cette association peut sembler surprenante, elle n'en est pas moins délicieuse.

## Italie : cornetti et caffe latte

Pour les Italiens, le petit déjeuner est un repas qui se prend dans la rue ou au comptoir d'un café. Il s'agit généralement d'un repas léger composé de café et d'une viennoiserie, car les Italiens dînent tard et n'ont pas très faim le matin. Le café est un élément indispensable du petit déjeuner italien. Le caffe latte, sorte de café au lait, est servi dans un verre et n'est consommé que le matin. L'espresso est préféré l'après-midi. Si vous commandez un café au lait après le déjeuner en Italie, on vous regardera bizarrement car le lait a la réputation d'être difficile à digérer pendant la journée. Les cornetti sont des viennoiseries en forme de croissant, souvent fourrés à la confiture, à la crème ou au chocolat. Les cornetti servis avec un caffe latte sont une manière classique et délicieuse de commencer la journée.

## Vietnam : pho bo

Le pho bo est une soupe au bœuf et aux nouilles de riz. Copieux et nourrissant, le pho bo est traditionnellement consommé au petit déjeuner dans tout le Vietnam. La réussite d'un pho bo dépend de la qualité du bouillon préparé avec des os de bœuf et de porc, et aromatisé avec du gingembre, de la badiane, des oignons et du piment. Une longue cuisson est nécessaire pour obtenir un bouillon savoureux. Le pho bo est généralement servi avec de nombreux condiments afin de l'adapter au goût de chacun, notamment de la coriandre, du piment, de la ciboule émincée, du nuoc-mâm, de la sauce hoisin, du basilic, des germes de soja, de la sauce pimentée, du citron et du citron vert. Le pho bo est souvent consommé dans des échoppes installées dans la rue. Un bol de pho bo est peu coûteux, nourrissant et prépare les Vietnamiens à leur longue journée de travail.

## France : croissant et café au lait

Le croissant reste un incontournable du petit déjeuner français. Même si le premier croissant a été inventé en Autriche, il est devenu le symbole de la France, au même titre que la baguette. Les croissants sont préparés chaque jour par les artisans boulangers et peuvent se consommer nature, avec de la confiture (mais pas de beurre) ou trempés dans le café.
Aujourd'hui, on trouve également des croissants en supermarchés ou congelés, mais rien ne vaut la qualité d'un authentique croissant de boulangerie.
Le café au lait est servi dans un grand bol au petit déjeuner. Les Français préfèrent généralement un café plus doux le matin et le bol permet d'y ajouter plus de lait.

## Angleterre : lard et œufs

Le lard et les œufs (au plat, pochés ou brouillés) sont indispensables pour préparer un petit déjeuner anglais traditionnel.
Les Britanniques sont très attachés à leur petit déjeuner typique, même s'il est relativement gras.
En plus du lard et des œufs, d'autres ingrédients sont également servis au petit déjeuner, notamment des saucisses, des champignons, des haricots blancs, des tomates, du pain frit et du boudin noir.
Un petit déjeuner anglais sera toujours accompagné de thé préparé dans les règles de l'art, c'est-à-dire avec des feuilles de thé mises à infuser dans une théière.

## Inde : masala dosa

Le petit déjeuner indien, le masala dosa, est représentatif de la cuisine indienne : pimenté, épicé et parfumé.
Un dosa est une crêpe de farine de riz et de lentilles noires. La pâte doit reposer toute la nuit avant d'être cuite pour permettre la fermentation. Le dosa constitue un petit déjeuner équilibré et nourrissant, car la pâte est riche en glucides et en protéines tout en ne contenant pas de gluten.
Le dosa est cuit sur une sorte de galettière, appelée « tava », avec du ghee (beurre clarifié indien).
Le masala dosa est une variante populaire du dosa qui est farci aux pommes de terre. Celles-ci sont cuisinées avec du curcuma, des graines de moutarde, de la coriandre, du poivre et des feuilles de curry. Le masala dosa est servi avec plusieurs accompagnements, comme du chutney, du sambar (plat de légumes mijotés), des pickles, de la noix de coco et de l'oignon.

# café

La plupart des cafés sont préparés à partir d'un espresso : un café de 30 ml recouvert d'une couche épaisse de mousse dorée. Cette mousse n'a rien à voir avec la mousse du lait. La percolation du café à forte pression entraîne une émulsion des huiles du café qui forme cette mousse à la surface (appelée « crema »). Il existe deux grandes espèces de café : l'arabica et le robusta. L'arabica, considéré comme le meilleur, a une culture délicate et coûteuse, alors que le robusta est plus facile à cultiver, car les arbres sont plus résistants. La plupart des torréfacteurs proposent un mélange des deux variétés. Le café moulu ne doit pas être conservé plus de deux semaines. Le réfrigérateur ou le congélateur ne sont pas les meilleurs endroits pour stocker le café moulu, car il risque de rassir plus vite et d'absorber les odeurs des aliments. De plus, la congélation détruit les huiles du café qui permettent d'obtenir la mousse du café.

## Café au lait

Le café au lait est typique des petits déjeuners pris à la maison. Autrefois, le café était préparé dans une cafetière à piston puis allongé de lait chaud. Aujourd'hui, les machines à espresso sont très répandues et le café au lait est également préparé à partir d'un espresso et de lait chaud. Les Français préfèrent le boire dans un bol afin de pouvoir ajouter plus de lait dans le café.

## Macchiato

Le terme italien macchiato signifie littéralement « tacheté », en raison de la petite quantité de lait ajoutée sur le dessus. Un macchiato peut être court ou long. Un macchiato court (photo ci-dessus) est un expresso recouvert de lait chaud, auquel on ajoute 1 ou 2 cuillerées à café de mousse de lait. Il est servi dans un petit verre. C'est un café parfait pour ceux qui ne digèrent pas bien le lait mais trouvent l'espresso trop fort. Le macchiato long est un double espresso servi avec du lait et de la mousse de lait. Il est servi dans une tasse.

## Caffe latte

Le caffe latte signifie en italien « café au lait ». Ainsi si vous commandez en Italie un « latte », on vous servira un verre de lait chaud. Le caffe latte est servi dans un verre et préparé avec un espresso de 30 ml et du lait chaud. Un caffe latte devrait avoir une épaisseur de mousse de 1 cm. Un piccolo latte est un petit caffe latte. Servi dans un verre à macchiato, il est préparé avec la même quantité d'espresso et recouvert d'une plus petite quantité de lait chaud et de mousse. Il est donc plus fort qu'un caffe latte normal.

## Flat white

Cette spécialité australienne et néo-zélandaise ressemble à un cappuccino. Il s'agit d'un espresso recouvert d'une couche de lait, et non de mousse. Le lait est versé lentement pour que la mousse ne tombe pas dans le café. Un flat white contient plus de lait chaud et une fine couche de mousse de café. Le flat white est servi à ras bord de la tasse.

## Espresso

Un espresso, appelé également « express » en France, est un café de 30 ml recouvert d'une mousse de café de 5 mm. Un espresso est un café fort et court, dont la qualité dépend des grains de café et de la pression du percolateur qui préserve le parfum délicat du café. Il est possible de commander un double (60 ml) ou un triple espresso (90 ml). Un ristretto est un espresso très serré qui correspond aux premiers 20 ml d'un espresso, qui serait la partie la plus pure du café. Un espresso est parfait pour terminer le repas.

## Cappuccino

Le cappuccino est connu dans le monde entier. Il s'agit d'un espresso de 30 ml recouvert d'une mousse de lait. Le lait est chauffé à la vapeur avant d'être versé lentement dans la tasse afin que la mousse reste dans le pot de lait. La mousse de lait est ensuite versée sur le dessus, mais jamais ajoutée à la cuillère. La mousse doit former un dôme sur le dessus du café. Il est toujours servi dans une tasse à cappuccino de 180 ml. Le cappuccino est souvent servi saupoudré de cacao ou de copeaux de chocolat.

# brunchs classiques

## œufs brouillés au chorizo et tortillas

- 8 œufs
- 125 ml de crème liquide
- 1 chorizo (125 g)
- 1 c. à s. d'huile d'olive
- 4 c. à s. de coriandre fraîche finement hachée
- 4 tortillas de blé de 20 cm de diamètre
- 125 ml de sauce pimentée sucrée

**1** Fouettez les œufs et la crème dans un saladier. Assaisonnez.
**2** Retirez la peau du chorizo et hachez-le finement. Faites chauffer l'huile d'olive dans une poêle moyenne et faites dorer le chorizo en remuant. Ajoutez les œufs battus, attendez quelques secondes, puis remuez à l'aide d'une spatule en grattant le fond de la poêle. Faites cuire jusqu'à ce que les œufs soient crémeux et baveux. Retirez du feu et ajoutez la coriandre. Assaisonnez.
**3** Pendant ce temps, préchauffez le gril du four. Faites griller les tortillas environ 1 minute de chaque côté jusqu'à ce qu'elles soient légèrement dorées.
**4** Servez les œufs nappés de sauce et accompagnés de tortillas.

**préparation + cuisson** 30 minutes
**pour** 4 personnes
**par portion** 566 kcal ; 41,2 g de lipides (dont 16,8 g de graisses saturées) ; 25,7 g de glucides ; 24,2 g de protéines ; 2,6 g de fibres

**conseil** Si les tortillas sont un peu trop sèches, trempez-les quelques secondes dans l'eau et passez-les au micro-ondes 20 secondes environ.

# toasts à l'avocat et aux haricots blancs

- **840 g de haricots blancs à la tomate en boîte**
- **1 gros avocat (300 g)**
- **½ petit oignon rouge (50 g)**
- **250 g de tomates cerises**
- **1 c. à s. de jus de citron vert**
- **1 c. à s. de persil plat finement haché**
- **5 c. à s. de coriandre fraîche finement hachée**
- **4 tranches épaisses de pain au levain (400 g)**

**1** Mettez les haricots dans une casserole moyenne et faites chauffer à feu doux, en remuant de temps en temps.

**2** Pelez l'avocat, retirez le noyau et coupez la chair en morceaux. Pelez et hachez finement l'oignon. Coupez les tomates cerises en deux. Mélangez l'avocat, l'oignon, les tomates, le jus de citron vert et les herbes dans un saladier. Assaisonnez.

**3** Faites griller le pain et servez-le recouvert de haricots et de salade d'avocat.

**préparation + cuisson** 20 minutes
**pour** 4 personnes
**par portion** 537 kcal ;
15,6 g de lipides (dont 3,2 g de graisses saturées) ;
70,7 g de glucides ;
19,8 g de protéines ;
16,7 g de fibres

# muffins anglais au lard et aux œufs à l'aïoli d'herbes

- 1 gousse d'ail
- 225 g de mayonnaise
- 2 c. à s. de ciboulette finement hachée
- 8 c. à s. de basilic frais finement haché
- 4 c. à s. de persil plat finement haché
- 2 c. à s. d'huile végétale
- 500 g de tranches de lard découennées
- 8 œufs
- 4 muffins anglais (660 g)
- 50 g de pousses d'épinard

**1** Pour préparer l'aïoli d'herbes, pelez et écrasez la gousse d'ail. Mélangez la mayonnaise, l'ail et les herbes dans un bol.
**2** Assaisonnez.
**3** Faites chauffer la moitié de l'huile dans une grande poêle. Faites cuire le lard jusqu'à ce qu'il soit croustillant. Égouttez-le sur du papier absorbant. Essuyez la poêle.
**4** Faites chauffer le reste de l'huile dans la même poêle. Faites cuire les œufs au plat.
**5** Pendant ce temps, préchauffez le gril du four. Ouvrez les muffins anglais en deux, placez-les sur une plaque de cuisson et faites-les griller sous le gril.
**6** Étalez l'aïoli sur la partie inférieure des muffins, ajoutez les pousses d'épinard, le lard et les œufs, puis recouvrez de la partie supérieure des muffins.

**préparation + cuisson** 35 minutes
**pour** 4 personnes
**par portion** 1 058 kcal ; 54,2 g de lipides (dont 11,6 g de graisses saturées) ; 85,6 g de glucides ; 54,5 g de protéines ; 5,5 g de fibres

muesli crémeux

## saumon fumé, asperges et ricotta aux herbes

- 1 citron moyen (140 g)
- 200 g de ricotta
- 4 c. à s. de ciboulette finement hachée
- 350 g d'asperges vertes
- 2 c. à s. d'huile d'olive
- 250 g de saumon fumé coupé en fines tranches

**1** Râpez finement le zeste du citron pour en obtenir 1 cuillerée à café et pressez le citron pour obtenir 2 cuillerées à soupe de jus. Mélangez la ricotta, la ciboulette, le zeste et le jus de citron dans un bol. Assaisonnez.
**2** Retirez l'extrémité dure des asperges. Faites chauffer l'huile d'olive dans une poêle et faites cuire les asperges.
**3** Servez les asperges avec le saumon fumé et la ricotta aux herbes.

**préparation + cuisson** 20 minutes
**pour** 4 personnes
**par portion** 259 kcal ; 17,7 g de lipides (dont 5,4 g de graisses saturées) ; 2,2 g de glucides ; 21,9 g de protéines ; 1,4 g de fibres

**idée gourmande** Servez avec du ciabatta grillé ou de fines tranches de baguette grillées.

## muesli crémeux

- 40 g d'amandes entières
- 35 g de noix de macadamia
- 50 g d'abricots secs grossièrement hachés
- 50 g de dattes dénoyautées grossièrement hachées
- 180 g de flocons d'avoine
- 1 litre de lait
- 50 g de graines de courge

**1** Hachez grossièrement les amandes et les noix de macadamia. Mélangez les amandes, les noix de macadamia, les abricots, les dattes, les flocons d'avoine, le lait et les graines de courge dans un saladier.
**2** Couvrez et placez 8 heures ou toute la nuit au réfrigérateur.

**préparation + cuisson** 15 minutes (+ réfrigération)
**pour** 4 personnes
**par portion** 373 kcal ; 21,1 g de lipides (dont 6,2 g de graisses saturées) ; 30,9 g de glucides ; 13,1 g de protéines ; 5,4 g de fibres

**idée gourmande** Servez le muesli avec des fruits rouges frais, 1 pincée de cannelle, du miel ou de la confiture.

saumon fumé, asperges et ricotta aux herbes

# sandwichs au pesto et aux œufs pochés

- 2 gousses d'ail
- 1 gros bouquet de basilic
- 2 c. à s. de pignons de pin
- 20 g de parmesan grossièrement râpé
- 180 ml d'huile d'olive
- 1 c. à s. de vinaigre d'alcool blanc
- 4 œufs extrafrais
- 4 petits pains ronds (200 g)
- 2 tomates mûres (300 g)
- 80 g de roquette

**1** Pour préparer le pesto, pelez et coupez les gousses d'ail en quatre. Mixez finement les feuilles de basilic, l'ail, les pignons de pin, le parmesan et l'huile d'olive. Assaisonnez.
**2** Pour pocher les œufs, faites chauffer de l'eau à mi-hauteur dans une casserole large. Ajoutez le vinaigre et portez à ébullition. Cassez 1 œuf dans une tasse. Formez un tourbillon dans l'eau avec une cuillère en bois. Glissez l'œuf dans le tourbillon. Recommencez avec les autres œufs. Faites bouillir l'eau à nouveau, couvrez la casserole, retirez du feu et laissez reposer 4 minutes jusqu'à ce que le blanc soit cuit autour du jaune. Retirez les œufs un par un, à l'aide d'une écumoire, et égouttez-les sur du papier absorbant. Ébarbez les œufs si nécessaire.
**3** Préchauffez le gril du four.
**4** Ouvrez les petits pains en deux. Retirez la mie de la base des pains. Placez les moitiés de pain sur une plaque de cuisson et faites-les griller au four jusqu'à ce qu'ils soient légèrement dorés.
**5** Coupez les tomates en fines tranches. Étalez la moitié du pesto sur la base des pains, ajoutez la roquette, les tomates, les œufs et le reste du pesto. Recouvrez avec l'autre moitié de pain.

**préparation + cuisson** 30 minutes
**pour** 4 personnes
**par portion** 678 kcal ; 55,1 g de lipides (dont 9 g de graisses saturées) ; 29,2 g de glucides ; 15,6 g de protéines ; 4,2 g de fibres

**conseil** Pour réussir des œufs pochés, les œufs doivent être extrafrais (pondus il y a moins de 7 jours) afin que le blanc coagule bien en restant autour du jaune d'œuf. Des œufs moins frais auront tendance à se répandre dans la casserole.

verrines de pommes au muesli

# œufs cocotte

- 1 gousse d'ail
- 800 g de tomates concassées en boîte
- 2 c. à s. de sucre
- 8 œufs
- 8 fromages bocconcini (480 g)
- 8 c. à s. de basilic grossièrement haché
- 2 c. à s. d'huile d'olive

**1** Préchauffez le four à 200 °C.
**2** Pelez et écrasez l'ail. Mélangez les tomates avec leur jus, l'ail et le sucre dans une casserole. Portez à ébullition. Baissez le feu et faites légèrement réduire 5 minutes environ. Assaisonnez.
**3** Versez 250 ml de sauce tomate dans un plat à four rond de 20 cm de diamètre. Cassez 4 œufs sur la sauce. Ajoutez la moitié des bocconcinis coupés en morceaux et la moitié du basilic sur le dessus. Versez le reste de la sauce tomate, puis ajoutez le reste des œufs, des bocconcinis et du basilic.
**4** Faites cuire au four 20 minutes environ, jusqu'à ce que le blanc des œufs soit cuit et que le dessus soit légèrement doré. Arrosez d'huile d'olive.

**préparation + cuisson** 45 minutes
**pour** 4 personnes
**par portion** 549 kcal ; 38,3 g de lipides (dont 16,5 g de graisses saturées) ; 15,2 g de glucides ; 35,7 g de protéines ; 2,7 g de fibres

**idée gourmande** Servez avec du pain de campagne pour faire des mouillettes.

# verrines de pommes au muesli

- 2 pommes rouges (300 g)
- 65 g de muesli grillé
- 140 g de yaourt à la grecque
- 2 c. à c. de confiture de fruits rouges

Coupez les pommes en quatre, épépinez-les et coupez-les en morceaux. Pour servir, ajoutez le muesli, le yaourt et la confiture sur le dessus.

**préparation + cuisson** 5 minutes
**pour** 2 personnes
**par portion** 312 kcal ; 9,4 g de lipides (dont 5,2 g de graisses saturées) ; 47,6 g de glucides ; 7,2 g de protéines ; 5,1 g de fibres

**conseils** Vous pouvez utiliser la confiture ou le miel de votre choix. Si vous n'avez pas de muesli grillé, remplacez-le par une barre de céréales émiettée.

œufs cocotte

# pancakes au lard et au sirop d'érable

- 2 œufs
- 330 ml de lait
- 2 c. à s. de sucre
- 300 g de farine avec levure incorporée
- ½ c. à c. de bicarbonate de soude
- 40 g de beurre
- 4 tranches de lard découennées (250 g)
- 180 ml de sirop d'érable

**1** Battez les œufs, le lait, le sucre, la farine tamisée et le bicarbonate de soude dans un saladier jusqu'à ce que la pâte soit lisse.
**2** Faites fondre 1 cuillerée à café de beurre dans une poêle moyenne. Versez 80 ml de pâte dans la poêle et étalez-la. Faites cuire 2 minutes environ, puis retournez quand de petites bulles commencent à se former à la surface. Laissez dorer la deuxième face. Transférez sur une assiette et couvrez pour garder au chaud. Recommencez avec le reste du beurre et de la pâte pour obtenir 8 pancakes en tout.
**3** Coupez le lard en 3 morceaux dans le sens de la longueur. Faites-les cuire dans une grande poêle chaude, puis égouttez-le sur du papier absorbant.
**4** Pour servir, ajoutez le lard et le sirop d'érable sur les pancakes.

**préparation + cuisson** 30 minutes
**pour** 4 personnes
**par portion** 713 kcal ;
20,6 g de lipides (dont 10,5 g de graisses saturées) ;
105,8 g de glucides ;
26,3 g de protéines ;
2,9 g de fibres

# röstis de patate douce à l'haloumi et aux tomates

- 40 g de beurre
- 700 g de patates douces à chair orangée
- 2 œufs
- 50 g de farine
- 1 c. à c. d'origan séché
- 80 ml d'huile d'olive
- 180 g de fromage haloumi
- 2 c. à s. de zaatar
- 250 g de tomates cerises
- 40 g de roquette

**1** Pour préparer les röstis, faites fondre le beurre. Pelez les patates douces et râpez-les grossièrement dans un saladier. Incorporez les œufs légèrement battus, la farine tamisée, l'origan et le beurre. Assaisonnez.

**2** Faites chauffer 2 cuillerées à café d'huile d'olive dans une grande poêle. Formez 8 galettes avec la pâte. Faites-les cuire en plusieurs fois, 2 minutes de chaque côté, jusqu'à ce qu'elles soient bien dorées. Transférez-les sur une assiette et couvrez-les pour les garder au chaud.

**3** Coupez l'haloumi en 8 tranches. Faites cuire le fromage dans une poêle chaude jusqu'à ce qu'il soit doré de chaque côté. Retirez-le de la poêle et saupoudrez-le de zaatar.

**4** Faites chauffer le reste de l'huile dans la même poêle et faites cuire les tomates en remuant jusqu'à ce que la peau commence à se fendre.

**5** Pour servir, disposez le fromage, les tomates et la roquette sur les röstis.

**préparation + cuisson** 45 minutes
**pour** 4 personnes
**par portion** 533 kcal ;
37,1 g de lipides (dont 13,7 g de graisses saturées) ;
31,3 g de glucides ;
17,6 g de protéines ;
4,1 g de fibres

hot dog

## hot dog

2 oignons rouges moyens (340 g)
2 c. à s. d'huile d'olive
2 c. à s. de vinaigre balsamique
2 c. à s. de sucre
4 saucisses de porc (80 g)
4 œufs
4 pains à hot dog (200 g)
110 g de chutney de tomates

**1** Pelez et coupez les oignons en fines tranches. Faites chauffer la moitié de l'huile d'olive dans une poêle. Faites fondre les oignons en remuant. Ajoutez le vinaigre et le sucre. Faites caraméliser 2 minutes environ en remuant. Retirez du feu.
**2** Faites chauffer le reste de l'huile dans une poêle et faites cuire les saucisses jusqu'à ce qu'elles soient bien dorées. Retirez-les de la poêle et couvrez-les pour qu'elles restent chaudes.
**3** Faites cuire les œufs au plat dans la même poêle.
**4** Préchauffez le gril du four.
**5** Ouvrez les pains en deux sans les couper complètement. Mettez-les sur une plaque de cuisson et faites-les griller au four.
**6** Glissez les saucisses, les œufs et les oignons dans les pains et nappez de chutney.

**préparation + cuisson** 30 minutes
**pour** 4 personnes
**par portion** 601 kcal ;
33,8 g de lipides (dont 10,3 g de graisses saturées) ;
50,6 g de glucides ;
22,3 g de protéines ;
4,9 g de fibres

smoothie mangue-coco

## smoothie mangue-coco

2 grosses mangues (1,2 kg)
1 noix de coco verte (1,2 kg)
560 g de yaourt à la grecque
2 c. à s. de miel
1 ½ c. à s. de mélasse de grenade

**1** Pelez et coupez les mangues en morceaux.
**2** À l'aide d'un couteau pointu, découpez le sommet de la noix de coco fraîche. Versez l'eau de coco dans un blender. Ouvrez la noix de coco, prélevez la chair crémeuse avec une cuillère et mettez-la dans le blender.
**3** Ajoutez la mangue et le reste des ingrédients dans le blender. Mixez pour obtenir un mélange lisse et onctueux.

**préparation + cuisson** 10 minutes
**pour** 4 personnes
**par portion** 446 kcal ;
17,4 g de lipides (dont 11,5 g de graisses saturées) ;
59,3 g de glucides ;
11,6 g de protéines ;
3,4 g de fibres

**conseil** Faites congeler préalablement la mangue et l'eau de coco. Cela vous permettra d'obtenir un smoothie glacé.

# œufs cocotte végétariens

- 8 c. à s. de basilic
- 8 c. à s. de persil plat
- 80 ml d'huile d'olive
- 420 g de haricots blancs en boîte
- 100 g de champignons de Paris
- 125 g de tomates cerises
- 100 g de fromage haloumi
- 8 œufs

**1** Mixez finement les herbes et l'huile d'olive. Assaisonnez.
**2** Rincez et égouttez les haricots blancs. Coupez les champignons en quatre. Coupez les tomates en deux. Râpez grossièrement le fromage.
**3** Répartissez dans 4 ramequins (250 ml) la moitié des champignons, des tomates, du fromage et des herbes. Cassez 1 œuf dans chaque ramequin. Ajoutez le reste des champignons, des tomates, du fromage et des herbes sur le dessus, puis cassez un autre œuf.
**4** Mettez 2 ramequins à la fois dans un cuit-vapeur et faites cuire 10 minutes environ, à couvert, jusqu'à ce que les œufs soient cuits. Recommencez avec les 2 autres ramequins.

**préparation + cuisson** 40 minutes
**pour** 4 personnes
**par portion** 400 kcal ;
32,3 g de lipides (dont 8,6 g de graisses saturées) ;
3,6 g de glucides ;
21,5 g de protéines ;
2,8 g de fibres

# riz au lait et pruneaux pochés

- 500 ml de jus de pomme
- 170 g de pruneaux dénoyautés
- 2 bâtons de cannelle
- 1,25 litre de lait
- 400 g de riz rond
- 2 c. à s. de sucre roux
- 1 c. à c. de noix de muscade moulue

**1** Mélangez le jus de pomme, les pruneaux et la cannelle dans une petite casserole. Portez à ébullition, baissez le feu et faites mijoter 15 minutes, jusqu'à ce que les pruneaux soient tendres et gonflés. Retirez du feu et laissez reposer à couvert (retirez les bâtons de cannelle avant de servir).

**2** Portez le lait à ébullition dans une grande casserole. Ajoutez le riz peu à peu et faites cuire 35 minutes environ, en remuant de temps en temps, jusqu'à ce que le riz soit tendre.

**3** Pour servir, disposez les pruneaux sur le riz au lait.

**préparation + cuisson** 50 minutes
**pour** 4 personnes
**par portion** 724 kcal ;
12,9 g de lipides (dont 8,1 g de graisses saturées) ;
132,4 g de glucides ;
18,2 g de protéines ;
4,1 g de fibres

# œufs pochés et champignons

- 2 gros champignons plats (160 g)
- 2 c. à s. d'huile d'olive
- 1 c. à s. de vinaigre d'alcool blanc
- 4 œufs extrafrais
- 4 tranches épaisses de pain au levain (400 g)
- 1 gousse d'ail
- 40 g de roquette

**1** Coupez les champignons en fines tranches. Faites chauffer l'huile d'olive dans une poêle. Faites cuire les champignons, en remuant, jusqu'à ce qu'ils soient dorés et tendres. Assaisonnez. Couvrez pour garder au chaud.
**2** Pour pocher les œufs, faites chauffer de l'eau à mi-hauteur dans une casserole large. Ajoutez le vinaigre et portez à ébullition. Cassez 1 œuf dans une tasse. Formez un tourbillon dans l'eau avec une cuillère en bois. Glissez l'œuf dans le tourbillon. Recommencez avec les autres œufs. Faites bouillir l'eau à nouveau, couvrez la casserole, retirez du feu et laissez reposer 4 minutes, jusqu'à ce que le blanc soit cuit autour du jaune. Retirez les œufs un par un, à l'aide d'une écumoire, et égouttez-les sur du papier absorbant. Ébarbez les œufs si nécessaire.
**3** Pendant ce temps, faites griller le pain. Pelez la gousse d'ail et coupez-la en deux. Frottez les tranches de pain de chaque côté avec l'ail. Pour servir, disposez les champignons, les œufs et la roquette sur le pain grillé. Assaisonnez.

**préparation + cuisson** 25 minutes
**pour** 2 personnes
**par portion** 836 kcal ;
34,3 g de lipides (dont 6,6 g de graisses saturées) ;
91,9 g de glucides ;
34 g de protéines ;
11,8 g de fibres

**conseil** Pour réussir des œufs pochés, les œufs doivent être extrafrais (pondus il y a moins de 7 jours) afin que le blanc coagule bien en restant autour du jaune d'œuf. Des œufs moins frais auront tendance à se répandre dans la casserole.

# brunchs des grands jours

## truite pochée et pommes de terre

- 500 ml de fumet de poisson
- 250 ml de vin blanc sec
- 4 brins d'aneth frais
- 1 c. à c. de grains de poivre noir
- 1 filet de truite de 400 g avec la peau
- 600 g de petites pommes de terre nouvelles
- 280 g de yaourt à la grecque
- 1 c. à s. d'aneth frais finement haché
- 1 c. à s. de moutarde à l'ancienne
- 1 c. à s. d'huile d'olive

**1** Mélangez le fumet, le vin, les brins d'aneth et le poivre dans une casserole. Portez à ébullition, baissez le feu et ajoutez le filet de truite. Laissez cuire 5 minutes à feu doux jusqu'à ce que la truite soit juste cuite. Retirez le filet de truite du court-bouillon et placez-le au réfrigérateur jusqu'au moment de servir.

**2** Faites cuire les pommes de terre à l'eau, à la vapeur ou au micro-ondes, jusqu'à ce qu'elles soient tendres. Égouttez-les, faites-les refroidir et coupez-les en deux.

**3** Pendant ce temps, battez le yaourt, l'aneth haché et la moutarde dans un bol. Assaisonnez.

**4** Mettez le filet de truite sur le plat de service et arrosez-le d'un filet d'huile d'olive. Servez avec les pommes de terre et le yaourt à l'aneth.

**préparation + cuisson** 25 minutes
**pour** 4 personnes
**par portion** 398 kcal ; 15,8 g de lipides (dont 6,2 g de graisses saturées) ; 23,2 g de glucides ; 28,1 g de protéines ; 2,6 g de fibres

**idée gourmande** Servez ce plat avec des câpres, des cornichons, des pousses d'épinard et des œufs de caille durs.

# tarte aux pommes et au brie

- 1 rouleau de pâte feuilletée prête à l'emploi
- 100 g de brie
- 2 c. à s. de miel
- 20 g de beurre
- 2 pommes vertes moyennes (300 g)
- 1 c. à s. de pignons de pin
- 1 c. à s. de ciboulette finement hachée

**1** Préchauffez le four à 220 °C. Chemisez une plaque de cuisson de papier sulfurisé.
**2** Déroulez la pâte sur la plaque de cuisson. Piquez-la avec une fourchette. Couvrez avec du papier sulfurisé, puis avec une autre plaque de cuisson. Faites cuire 10 minutes au four. Retirez la plaque du dessus et le papier sulfurisé. Faites cuire 10 minutes de plus.
**3** Pendant ce temps, coupez les ¾ du brie en fines tranches ; hachez finement le reste.
**4** Mélangez le miel et le beurre dans un plat à micro-ondes et faites-les fondre à puissance forte. Ôtez le cœur des pommes non pelées et coupez-les en fines rondelles.
**5** Recouvrez la pâte avec les tranches de brie, puis avec les rondelles de pomme. Badigeonnez les pommes avec le miel et le beurre fondus. Parsemez les pignons et le brie haché sur le dessus. Faites cuire la tarte 15 minutes.
**6** Laissez la tarte reposer 5 minutes, puis parsemez-la de ciboulette avant de servir.

**préparation + cuisson** 40 minutes
**pour** 6 personnes
**par portion** 336 kcal ; 22 g de lipides (dont 5,9 g de graisses saturées) ; 27,5 g de glucides ; 6,8 g de protéines ; 1,8 g de fibres

**conseil** Utilisez une mandoline pour découper les pommes au dernier moment afin d'éviter qu'elles ne noircissent.

# quiche aux poireaux et au lard fumé

- 100 g de beurre froid
- 200 g de farine
- 2 c. à s. d'eau froide environ
- 200 g de speck ou de lard fumé
- 2 petits poireaux (400 g)
- spray de cuisson
- 125 ml de bière
- 4 œufs
- 125 g de gruyère grossièrement râpé
- 125 ml de crème liquide

**1** Coupez le beurre en dés. Tamisez la farine dans un saladier. Sablez le beurre avec la farine du bout des doigts. Ajoutez de l'eau pour rassembler la pâte en boule. Pétrissez la pâte un court instant sur le plan de travail fariné. Aplatissez-la légèrement, enveloppez-la dans du film alimentaire et placez-la pour 20 minutes au réfrigérateur.

**2** Pendant ce temps, retirez la couenne du speck et coupez-le en petits dés. Parez les poireaux en laissant 5 cm de vert, taillez-les en quatre dans le sens de la longueur sans couper la base et lavez-les soigneusement pour retirer la terre. Coupez les poireaux en dés.

**3** Vaporisez une grande casserole de spray de cuisson et faites-la chauffer. Ajoutez le speck et faites-le dorer en remuant. Mettez-le dans un saladier. Réservez 1 cuillerée à soupe de graisse de cuisson et jetez le reste. Faites cuire les poireaux dans la même casserole en remuant, jusqu'à ce qu'ils commencent à fondre. Ajoutez la bière et faites cuire 5 minutes à couvert. Mettez les poireaux dans le saladier avec le speck. Laissez refroidir.

**4** Beurrez un moule à tarte de 27 cm de diamètre. Étalez la pâte entre 2 feuilles de papier sulfurisé. Pressez la pâte dans le moule et coupez l'excédent. Piquez le fond avec une fourchette, sans percer la pâte complètement. Placez pour 20 minutes au réfrigérateur.

**5** Préchauffez le four à 200 °C.

**6** Recouvrez la pâte de papier sulfurisé et étalez des haricots secs ou du riz. Faites cuire 15 minutes au four. Retirez le papier et les haricots, puis poursuivez la cuisson 10 minutes.

**7** Mélangez les œufs, le fromage et la crème dans le saladier avec les poireaux. Poivrez.

**8** Versez la préparation sur le fond de pâte et faites cuire 30 minutes environ. Laissez reposer la quiche 10 minutes avant de servir.

**préparation + cuisson** 1 h 15 (+ réfrigération)
**pour** 12 personnes
**par portion** 267 kcal ; 18,2 g de lipides (dont 10,5 g de graisses saturées) ; 13,4 g de glucides ; 11,5 g de protéines ; 1,2 g de fibres

**conseils** Vous pouvez aussi préparer la pâte au robot. Mixez la farine et le beurre jusqu'à ce que le mélange ressemble à de la chapelure. Actionnez le robot et ajoutez l'eau par la cheminée. Arrêtez le robot dès que la pâte forme une boule. Sinon, vous pouvez acheter une pâte brisée prête à l'emploi.
Le reste de la quiche fera un excellent déjeuner le lendemain. Vous pouvez la servir aussi bien chaude que froide.

# croissants et pains au chocolat aux amandes

- 50 g de beurre
- 55 g de sucre
- 1 œuf
- 60 g de poudre d'amandes
- 1 c. à s. de rhum
- 3 croissants
- 3 pains au chocolat
- 20 g d'amandes effilées

**1** Sortez le beurre à température ambiante.
**2** Préchauffez le four à 180 °C. Chemisez 2 plaques de cuisson de papier sulfurisé.
**3** Fouettez le beurre et le sucre dans un saladier à l'aide d'un batteur électrique jusqu'à ce que le mélange blanchisse. Ajoutez l'œuf et fouettez. Incorporez la poudre d'amandes et le rhum.
**4** Ouvrez les croissants et les pains de chocolat en deux, sans les couper entièrement.
**5** Réservez 1 ½ cuillerée à soupe de mélange aux amandes et étalez le reste dans les croissants et les pains au chocolat. Posez-les sur les plaques. Étalez le mélange réservé sur le dessus, puis parsemez d'amandes effilées.
**6** Faites cuire 20 minutes environ puis laissez refroidir sur une grille.

**préparation + cuisson** 30 minutes
**pour** 6 personnes
**par portion** 591 kcal ; 37,7 g de lipides (dont 17,9 g de graisses saturées) ; 47,8 g de glucides ; 13,2 g de protéines ; 3,8 g de fibres

**conseil** Voilà une excellente façon d'améliorer des viennoiseries de qualité moyenne ou achetées la veille.

# salade au saumon fumé

- 1 bâton de céleri (150 g)
- 150 g de mesclun
- 5 tranches épaisses de pain au levain (500 g)
- 200 g de saumon fumé coupé en fines tranches
- 1 c. à s. de câpres rincées et égouttées

**vinaigrette à l'aneth**

- 2 c. à s. de moutarde de Dijon
- 1 c. à s. d'aneth finement haché
- 1 c. à c. de jus de citron
- 1 c. à c. de vinaigre de vin
- 1 c. à c. de sucre
- 60 ml d'huile d'olive

**1** Préparez la vinaigrette à l'aneth.
**2** Lavez le céleri et coupez-le en rondelles. Mélangez le mesclun et le céleri sur un plat.
**3** Faites griller le pain. Retirez la croûte et coupez la mie en morceaux. Parsemez le pain et le saumon sur la salade. Ajoutez les câpres sur le dessus. Versez la moitié de la vinaigrette à l'aneth et servez la salade en présentant le reste de la vinaigrette à part.

**VINAIGRETTE À L'ANETH**
Mélangez la moutarde, l'aneth, le jus de citron, le vinaigre et le sucre dans un bol. Ajoutez l'huile d'olive peu à peu tout en fouettant. Assaisonnez.

**préparation + cuisson** 15 minutes
**pour** 8 personnes
**par portion** 262 kcal ; 9,4 g de lipides (dont 1,4 g de graisses saturées) ; 30 g de glucides ; 12,9 g de protéines ; 2,5 g de fibres

**conseil** La vinaigrette à l'aneth se marie également bien avec une salade de saumon ou de truite cuits.

# pain libanais et salade de labneh à la menthe

- 225 g de farine
- 1 c. à c. de gros sel
- 1 c. à c. de levure de boulanger déshydratée (3 g)
- 180 ml d'eau chaude
- 1 c. à s. d'huile d'olive
- 100 g de haricots verts extrafins
- 120 g de petits pois surgelés
- 500 g de fèves surgelées non pelées
- 1 bouquet de menthe
- 300 g de labneh mariné à l'huile et au piment
- 1 c. à s. de jus de citron
- 2 ½ c. à s. d'huile d'olive supplémentaire (voir conseils)
- 2 ½ c. à c. de zaatar

**1** Tamisez la farine et le sel dans un saladier. Incorporez la levure. Ajoutez l'eau et l'huile d'olive. Mélangez pour former une pâte collante. Pétrissez la pâte sur le plan de travail fariné jusqu'à ce qu'elle soit souple et ne colle plus aux doigts. Mettez la pâte dans un saladier huilé, couvrez et laissez lever 1 heure dans un endroit chaud, jusqu'à ce qu'elle double de volume.
**2** Équeutez les haricots verts. Faites cuire les haricots et les petits pois séparément à l'eau, à la vapeur ou au micro-ondes : ils doivent être croquants. Égouttez-les et rincez-les à l'eau froide.
**3** Faites cuire les fèves dans une grande casserole d'eau bouillante 3 minutes. Égouttez-les, rincez-les à l'eau froide et retirez la peau.
**4** Mélangez les haricots verts, les fèves, les petits pois et les feuilles de menthe dans un plat. Ajoutez le labneh égoutté sur le dessus et placez au réfrigérateur jusqu'au moment de servir.
**5** Pour préparer la vinaigrette au citron, fouettez le jus de citron et 2 cuillerées à soupe d'huile d'olive dans un bol. Assaisonnez.
**6** Préchauffez le four à 240 °C. Huilez une plaque de cuisson.
**7** Retirez la pâte du saladier et pétrissez-la sur le plan de travail fariné. Étalez-la sur la plaque en un rectangle de 26 x 34 cm. Saupoudrez de zaatar. Faites cuire 8 minutes, jusqu'à ce qu'elle soit croustillante. Badigeonnez-la avec le reste de l'huile.
**8** Pendant ce temps, versez la vinaigrette sur la salade. Servez la salade sur le pain chaud.

**préparation + cuisson** 45 minutes (+ repos)
**pour** 6 personnes
**par portion** 374 kcal ; 16,8 g de lipides (dont 5 g de graisses saturées) ; 34,5 g de glucides ; 17,5 g de protéines ; 7,5 g de fibres

**conseils** Si vous ne trouvez pas de zaatar, préparez le vôtre : mélangez 2 cuillerées à soupe de graines de sésame grillées, 1 cuillerée à soupe de thym, 2 cuillerées à café de sumac et 2 cuillerées à café de sel. Le labneh est une sorte de fromage blanc libanais à la texture crémeuse et épaisse. Vous pouvez utiliser l'huile du labneh à la place de l'huile d'olive dans la vinaigrette.

Ces croquettes de maïs frais accompagnées d'épinards, de lard et de tomates peuvent également être servies au déjeuner ou pour un dîner simple. Elles sont excellentes préparées au dernier moment pour un brunch, mais pourront également être dégustées froides lors d'un pique-nique : alors, n'hésitez pas à en préparer quelques-unes de plus.

## croquettes de maïs

- 3 épis de maïs entiers (1,2 kg)
- 1 petit oignon rouge (100 g)
- 1 kg d'épinards
- 2 œufs
- 2 c. à s. de persil plat grossièrement haché
- 75 g de farine
- 75 g de farine avec levure incorporée
- spray de cuisson
- 6 tranches de lard découennées (390 g)
- 250 g de tomates cerises

**1** Enlevez les feuilles et les barbes des épis de maïs. Détachez les grains. Pelez et hachez grossièrement l'oignon. Lavez et égouttez les épinards.
**2** Réservez une tasse de grains de maïs. Mixez grossièrement le reste des grains, l'oignon, les œufs et le persil. Mettez le mélange dans un saladier et ajoutez les farines tamisées ainsi que les grains de maïs réservés. Assaisonnez.
**3** Préchauffez le four à 120 °C.
**4** Vaporisez une grande poêle chaude avec le spray de cuisson et faites revenir le lard jusqu'à ce qu'il soit croustillant. Placez les tranches sur une plaque de cuisson.
**5** Faites cuire les tomates dans la même poêle jusqu'à ce que la peau commence à se fendiller. Mettez-les sur la plaque avec le lard. Essuyez la poêle. Mettez la plaque de cuisson au four pour garder au chaud.
**6** Vaporisez la même poêle de spray de cuisson. Versez 60 ml de pâte par croquette dans la poêle (procédez en plusieurs fois). Aplatissez les croquettes avec une spatule. Faites cuire 2 minutes environ de chaque côté. Mettez les croquettes au four pour les garder au chaud. Recommencez avec le reste de la pâte jusqu'à obtenir 12 croquettes. Essuyez la poêle à chaque fois.
**7** Faites cuire les épinards dans la même poêle, en plusieurs fois, jusqu'à ce qu'ils soient fondus. Égouttez l'eau de cuisson. Assaisonnez.
**8** Servez les croquettes avec les épinards, le lard et les tomates.

**préparation + cuisson** 45 minutes
**pour** 6 personnes
**par portion** 415 kcal ; 10,1 g de lipides (dont 2,9 g de graisses saturées) ; 45,1 g de glucides ; 28,8 g de protéines ; 13 g de fibres

Vous pouvez préparer le confit d'oignons et la tartinade de poivrons grillés la veille. Conservez-les au réfrigérateur et sortez-les à température ambiante avant de servir.

## bagels au pastrami, poivron et confit d'oignons

- 2 gros oignons jaunes (400 g)
- 2 c. à s. d'huile d'olive
- 4 brins de thym
- 1 c. à s. de sucre roux
- 6 cornichons à la russe (220 g)
- 6 bagels au pavot (570 g)
- 300 g de pastrami coupé en fines tranches

tartinade de poivron grillé

- 1 poivron rouge (200 g)
- 60 g de fromage frais à tartiner
- 2 c. à c. d'huile d'olive
- ½ gousse d'ail pelée
- ¼ de c. à c. de paprika fumé

**1** Pelez les oignons et coupez-les en fines tranches. Faites chauffer l'huile d'olive dans une grande poêle et faites fondre les oignons avec le thym 5 minutes, en remuant. Baissez le feu et faites cuire 25 minutes en remuant, jusqu'à ce que les oignons soient caramélisés. Incorporez le sucre et laissez refroidir. Retirez le thym. Assaisonnez.

**2** Pendant ce temps, préparez la tartinade de poivron grillé.

**3** Coupez les cornichons en fines tranches dans la longueur. Coupez les bagels en deux. Étalez la tartinade de poivrons sur la mie des bagels et ajoutez le pastrami, les cornichons et les oignons confits.

**TARTINADE DE POIVRON GRILLÉ** Préchauffez le gril du four. Coupez le poivron en quatre. Retirez les graines et les membranes. Mettez les quartiers de poivron, peau vers le haut, sur une plaque de cuisson et faites-les griller 10 minutes, jusqu'à ce que la peau commence à noircir et à cloquer. Couvrez-les d'un film alimentaire et laissez reposer 10 minutes avant de les peler. Mixez finement la chair du poivron avec le reste des ingrédients. Assaisonnez.

**préparation + cuisson** 30 minutes
**pour** 6 personnes
**par portion** 495 kcal ; 15,5 g de lipides (dont 4,3 g de graisses saturées) ; 65 g de glucides ; 21,5 g de protéines ; 4,5 g de fibres

**conseil** Utilisez une mandoline pour couper les oignons en fines tranches.

Les citrons confits, ingrédient incontournable de la cuisine d'Afrique du Nord, sont des citrons marinés au sel. Leur saveur est subtile et parfumée. Pour les utiliser, rincez-les bien, retirez la chair et utilisez uniquement les zestes. Étant donné qu'ils sont assez salés, poivrez uniquement le poulet.

# friands au poulet, citron confit et épinards

- 150 g de feuilles d'épinard
- 400 g de poulet haché
- 1 ½ c. à s. de zeste de citron confit finement haché
- 2 œufs
- 35 g de chapelure
- 30 g de cantal grossièrement râpé
- 2 c. à s. de persil plat finement haché
- 2 pâtes feuilletées
- 3 c. à c. de graines de sésame

**1** Mettez les épinards dans un grand plat à micro-ondes. Faites-les cuire à puissance maximale 2 minutes environ, jusqu'à ce qu'ils soient fondus. Laissez-les tiédir, puis pressez-les pour retirer l'eau. Hachez-les grossièrement.
**2** Mélangez les épinards, le poulet, le zeste de citron confit, 1 œuf, la chapelure, le cantal et le persil dans un saladier. Poivrez et mélangez bien.
**3** Préchauffez le four à 220 °C. Chemisez 2 plaques de cuisson de papier sulfurisé.
**4** Coupez chaque pâte feuilletée en 4 carrés. Mettez 5 cuillerées à soupe de garniture sur le bord de chaque carré. Roulez la pâte autour de la garniture. Mettez les rouleaux sur les plaques de cuisson en plaçant la pliure en dessous.
**5** Battez légèrement l'œuf restant dans un bol avec une fourchette, badigeonnez les rouleaux et parsemez de graines de sésame. Faites cuire 20 minutes au four. Servez les friands chauds, accompagnés de sauce tomate pour les tremper.

**préparation + cuisson** 50 minutes
**pour** 8 personnes
**par portion** 291 kcal ; 16,9 g de lipides (dont 3,2 g de graisses saturées) ; 18,2 g de glucides ; 15,9 g de protéines ; 1,5 g de fibres

**conseil** Vous pouvez décorer les friands en striant le dessus avec le dos d'un couteau pour réaliser un motif en forme de croisillons.

Les pirojki sont des petits pâtés russes garnis de fruits, de viande ou de légumes. Ils peuvent être cuits au four ou frits. Vous pouvez préparer les pirojki à l'avance jusqu'à l'étape 4, puis les conserver au réfrigérateur en les couvrant d'un film alimentaire pendant 18 heures ou les congeler pendant 3 mois. Il suffit de les décongeler toute la nuit avant de les faire frire.

## pirojki au bœuf

- 450 g de farine
- 1 ½ c. à c. de gros sel
- 3 c. à c. de levure de boulanger déshydratée (10 g)
- 375 ml d'eau chaude
- 2 c. à s. d'huile d'olive
- 1 petit oignon jaune (80 g)
- 1 petite carotte (70 g)
- 2 gousses d'ail
- 250 g de bœuf haché
- 75 g de mayonnaise
- 2 c. à s. d'aneth frais finement haché
- huile de friture

**1** Tamisez la farine et le sel dans un saladier. Incorporez la levure. Ajoutez l'eau et 1 cuillerée à soupe d'huile d'olive. Mélangez pour former une pâte collante. Pétrissez la pâte sur le plan de travail fariné jusqu'à ce qu'elle soit souple et ne colle plus aux doigts. Mettez-la dans un saladier huilé, couvrez et laissez lever 1 heure dans un endroit chaud, jusqu'à ce qu'elle double de volume.

**2** Pendant ce temps, pelez et hachez finement l'oignon. Pelez et râpez grossièrement la carotte. Pelez et écrasez l'ail.

**3** Faites chauffer le reste de l'huile dans une grande poêle. Faites fondre l'oignon et la carotte en remuant. Ajoutez le bœuf et faites dorer en remuant. Ajoutez l'ail, assaisonnez. Laissez refroidir, puis incorporez la mayonnaise et l'aneth.

**4** Pour préparer les pirojki, chemisez une plaque de cuisson de papier sulfurisé. Pétrissez la pâte pour faire sortir l'air. Huilez vos mains et prélevez 60 g de pâte (environ la taille de 1 citron vert). Aplatissez la pâte entre vos mains en un disque de 10 cm de diamètre. Déposez 1 cuillerée à soupe bombée de garniture au centre de chaque disque de pâte. Repliez la pâte pour former un chausson et pressez pour souder les bords. Placez les pirojki sur la plaque de cuisson, pliure vers le bas. Recommencez avec le reste de la pâte et de garniture pour obtenir 12 pirojki.

**5** Faites chauffer 1 cm d'huile dans une grande poêle. Faites frire les pirojki 2 minutes environ de chaque côté jusqu'à ce qu'ils soient dorés et croustillants. Égouttez-les sur du papier absorbant. Servez aussitôt.

**préparation + cuisson** 40 minutes (+ repos et refroidissement)
**pour** 12 personnes
**par portion** 297 kcal ; 16 g de lipides (dont 2,6 g de graisses saturées) ; 28,7 g de glucides ; 8,7 g de protéines ; 1,8 g de fibres

# tartare de saumon et lentilles en salade

- 150 g de lentilles vertes du Puy
- 2 bâtons de céleri (300 g)
- 1 petit oignon rouge (100 g)
- 400 g de filet de saumon sans peau et sans arêtes
- 60 ml d'huile d'olive
- 2 c. à s. de jus de citron

**1** Faites cuire les lentilles dans une grande casserole d'eau bouillante 25 minutes environ, jusqu'à ce qu'elles soient tendres. Égouttez-les et rincez-les à l'eau froide.

**2** Pendant ce temps, parez le céleri et réservez quelques feuilles pour la décoration. Pelez l'oignon. Hachez finement le céleri et l'oignon. Coupez le saumon en petits dés.

**3** Mélangez les lentilles, le céleri, l'oignon, le saumon, l'huile et le jus de citron dans un saladier. Assaisonnez. Placez au réfrigérateur jusqu'au moment de servir.

**4** Décorez la salade de feuilles de céleri au moment de servir.

**préparation + cuisson** 40 minutes
**pour** 8 personnes
**par portion** 193 kcal ; 10,8 g de lipides (dont 1,8 g de graisses saturées) ; 8,4 g de glucides ; 14,6 g de protéines ; 3,1 g de fibres

**conseil** Choisissez le poisson le plus frais possible. N'hésitez pas à préciser à votre poissonnier que vous souhaitez du saumon à consommer cru, car les mesures d'hygiène doivent avoir été rigoureusement respectées.

# croque-monsieur campagnard

- 2 grosses tomates (440 g)
- 200 g de prosciutto coupé en fines tranches
- 1 c. à s. de moutarde de Dijon
- 8 tranches épaisses de pain au levain (800 g)
- 125 g de gruyère grossièrement râpé

**1** Coupez les tomates en fines tranches. Coupez le prosciutto en morceaux.

**2** Étalez la moutarde sur 4 tranches de pain. Ajoutez le prosciutto, les tomates et le gruyère, puis recouvrez des tranches de pain restantes. Faites cuire les croque-monsieur dans un appareil à croque-monsieur jusqu'à ce qu'ils soient dorés.

**préparation + cuisson** 10 minutes
**pour** 4 personnes
**par portion** 699 kcal ; 17,7 g de lipides (dont 7,8 g de graisses saturées) ; 92,3 g de glucides ; 36,4 g de protéines ; 10,6 g de fibres

**conseil** Si vous n'avez pas d'appareil à croque-monsieur, faites-les cuire dans une grande poêle huilée jusqu'à ce qu'ils soient dorés de chaque côté. Faites attention en les retournant pour que la garniture reste entre les tranches de pain.

sandwich à la dinde, au lard et à l'avocat

## sandwich à la dinde, au lard et à l'avocat

- 4 tranches de lard découennées (260 g)
- 12 grandes tranches de pain de mie (480 g)
- 1 avocat (250 g)
- 75 g de feuilles de laitue iceberg
- 100 g de mayonnaise
- 2 c. à s. de moutarde de Dijon
- 150 g de fines tranches de dinde rôtie

**1** Faites cuire le lard dans une grande poêle jusqu'à ce qu'il soit croustillant. Égouttez-le sur du papier absorbant. Coupez le lard en morceaux.
**2** Faites griller le pain.
**3** Pendant ce temps, pelez, dénoyautez et coupez l'avocat en fines tranches. Coupez la salade en fines lanières.
**4** Étalez la mayonnaise sur 8 tranches de pain et la moutarde sur les 4 autres tranches. Répartissez sur 4 tranches de pain recouvertes de mayonnaise le lard et l'avocat, puis ajoutez les tranches de pain recouvertes de moutarde, puis la dinde et la salade. Terminez par les tranches de pain recouvertes de mayonnaise.

**préparation + cuisson** 15 minutes
**pour** 4 personnes
**par portion** 690 kcal ; 27,7 g de lipides (dont 5,9 g de graisses saturées) ; 70,6 g de glucides ; 36,7 g de protéines ; 4,8 g de fibres

## cake aux noix, café et poire

- 75 g de beurre
- 125 ml de lait
- 1 c. à s. de café soluble
- 110 g de sucre roux
- 35 g de noix grossièrement hachées
- 1 œuf
- 1 poire moyenne (230 g)
- 150 g de farine avec levure incorporée

**1** Préchauffez le four à 160 °C. Beurrez un moule à cake de 9 x 19 cm. Chemisez-le de papier sulfurisé en laissant celui-ci dépasser de 5 cm de chaque côté.
**2** Faites fondre le beurre, le lait et le café dans une casserole à feu doux. Retirez du feu. Ajoutez le sucre et la moitié des noix. Mélangez, puis incorporez l'œuf.
**3** Pelez, épépinez et coupez la poire en petits dés. Ajoutez la poire et la farine tamisée dans la préparation précédente.
**4** Versez la pâte dans le moule et parsemez le reste des noix sur le dessus. Faites cuire 40 minutes environ. Laissez reposer le cake 10 minutes avant de le démouler et de le laisser refroidir sur une grille.

**préparation + cuisson** 1 heure
**pour** 10 personnes
**par portion** 199 kcal ; 9,8 g de lipides (dont 4,7 g de graisses saturées) ; 24,7 g de glucides ; 3,2 g de protéines ; 1,2 g de fibres

**conseils** Le temps de cuisson peut varier en fonction de la maturité de la poire. Conservez le cake au réfrigérateur dans un récipient hermétique 3 jours maximum.

cake aux noix, café et poire

# omelette roulée aux épinards, chèvre et prosciutto

- 8 œufs
- spray de cuisson
- 150 g de pousses d'épinard
- 80 g de prosciutto coupé en fines tranches
- 1 gousse d'ail
- 120 g de fromage de chèvre frais
- 160 g de ricotta

**1** Battez les œufs dans un saladier à l'aide d'une fourchette. Assaisonnez.
**2** Vaporisez un wok de spray de cuisson et faites-le chauffer à feu moyen. Versez ⅓ des œufs dans le wok en le tournant pour étaler les œufs en fine omelette. Faites cuire, puis glissez l'omelette sur une feuille de papier sulfurisé. Recommencez avec le reste des œufs pour obtenir 3 omelettes en tout. Laissez refroidir.
**3** Pendant ce temps, mettez les épinards dans un grand plat à micro-ondes. Faites-les cuire à puissance maximale 2 minutes environ, jusqu'à ce qu'ils soient fondus. Laissez-les tiédir et pressez-les pour retirer l'eau.
**4** Hachez finement le prosciutto. Pelez et écrasez la gousse d'ail. Mélangez le prosciutto, le fromage de chèvre, la ricotta, l'ail et les épinards dans un saladier.
**5** Superposez légèrement 2 omelettes pour former une sorte de rectangle. Coupez la troisième omelette en deux et placez chaque moitié sur la partie inférieure de l'autre omelette pour la renforcer. Repliez les côtés pour faire une sorte de rectangle.
**6** Versez la préparation au fromage sur la longueur du rectangle la plus proche de vous. Roulez l'omelette autour de la garniture. Mettez l'omelette roulée, pliure en dessous, sur une planche et coupez-la en 6 morceaux.

**préparation + cuisson** 25 minutes
**pour** 6 personnes
**par portion** 151 kcal ;
14,2 g de lipides (dont 6,4 g de graisses saturées) ;
1 g de glucides ;
17,4 g de protéines ;
0,8 g de fibres

**idée gourmande** Servez avec une salade de tomates et de basilic.

# brunchs détox

## ratatouille aux œufs

- 1 petit poivron rouge (150 g)
- ½ petit oignon rouge (50 g)
- 1 gousse d'ail
- 2 mini-aubergines (120 g)
- 1 petite courgette (90 g)
- 90 g de champignons de Paris
- 2 grosses tomates (440 g)
- 2 c. à c. d'huile d'olive
- 1 c. à s. de basilic finement haché
- 2 œufs
- 1 c. à s. de feuilles de basilic

**1** Préchauffez le gril du four. Coupez le poivron en quatre. Retirez les graines et les membranes. Mettez le poivron, peau vers le haut, sur une plaque de cuisson et faites-le griller 10 minutes, jusqu'à ce que la peau commence à noircir et à cloquer. Couvrez-le de film alimentaire et laissez reposer 10 minutes avant de le peler. Hachez grossièrement la chair.

**2** Pendant ce temps, pelez et hachez grossièrement l'oignon. Pelez et écrasez la gousse d'ail. Coupez les aubergines, la courgette et les champignons en fines rondelles. Coupez les tomates en dés.

**3** Faites chauffer l'huile d'olive dans une poêle et faites fondre l'oignon et l'ail 3 minutes, en remuant. Ajoutez les aubergines, la courgette, les champignons et les tomates dans la poêle. Couvrez et laissez mijoter 10 minutes, jusqu'à ce que les légumes soient tendres. Ajoutez le poivron et le basilic haché. Assaisonnez.

**4** Creusez 2 trous dans la ratatouille avec le dos d'une cuillère. Cassez 1 œuf dans chaque trou. Faites cuire 2 minutes à couvert, jusqu'à ce que le blanc soit cuit. Décorez la ratatouille de feuilles de basilic.

**préparation + cuisson** 30 minutes
**pour** 2 personnes
**par portion** 208 kcal ; 10,7 g de lipides (dont 2,3 g de graisses saturées) ; 11,2 g de glucides ; 13,2 g de protéines ; 7,2 g de fibres

muesli pommes-canneberges

# muesli pommes-canneberges

- 110 g de flocons de riz
- 1 c. à s. de sirop d'érable
- 1 c. à s. de jus d'orange
- ½ c. à c. de mélange d'épices pour pain d'épices
- 75 g de graines de tournesol
- 100 g de graines de courge
- 65 g de canneberges séchées
- 30 g de pommes séchées finement hachées

**1** Préchauffez le four à 200 °C.
**2** Étalez les flocons de riz sur une plaque de cuisson. Versez le sirop d'érable, le jus d'orange et les épices préalablement mélangés sur les flocons de riz. Faites dorer 10 minutes au four, en remuant à mi-cuisson. Laissez refroidir 10 minutes.
**3** Ajoutez les graines de tournesol et de courge, les canneberges et les pommes au muesli. Laissez refroidir.

**préparation + cuisson** 15 minutes (+ refroidissement)
**pour** 10 portions
**par portion (sans lait)** 172 kcal ; 8,6 g de lipides (dont 1 g de graisses saturées) ; 18,2 g de glucides ; 4,9 g de protéines ; 2,6 g de fibres

**conseil** Conservez le muesli au réfrigérateur dans une boîte hermétique pendant 2 mois maximum.
**idée gourmande** Servez une portion (5 cuillerées à soupe) de muesli avec du lait écrémé ou une boisson végétale et des fruits rouges frais. Ce muesli fera également un excellent en-cas.

salade de fruits toute rouge

# salade de fruits toute rouge

- 1 pamplemousse rose (350 g)
- 1 grenade (320 g)
- 125 g de fraises
- 200 g de raisins rouges

**1** Pelez le pamplemousse et découpez les segments dans un saladier en prenant soin de récupérer le jus. Coupez la grenade en deux et détachez les graines avec une cuillère. Retirez tout morceau de membrane. Équeutez et coupez les fraises en deux.
**2** Ajoutez la grenade, les fraises et le raisin dans le saladier, puis mélangez.

**préparation** 10 minutes
**pour** 2 personnes
**par portion** 200 kcal ; 0,7 g de lipides (dont 0,2 g de graisses saturées) ; 36,3 g de glucides ; 4,8 g de protéines ; 12,6 g de fibres

Pour réussir des œufs pochés, les œufs doivent être extrafrais (pondus il y a moins de 7 jours) afin que le blanc coagule bien en restant autour du jaune d'œuf. Des œufs moins frais auront tendance à se répandre dans la casserole.

## champignons grillés à l'ail, aux épinards et aux œufs pochés

- 2 gros champignons plats (160 g)
- 1 gousse d'ail
- 2 c. à s. de persil plat finement haché
- 1 c. à s. d'huile de son de riz (dans les magasins bio)
- 200 g de pousses d'épinard
- 2 c. à c. de vinaigre d'alcool blanc
- 2 œufs

**1** Préchauffez le four à 200 °C.
**2** Retirez le pied des champignons. Pelez et écrasez l'ail. Mettez les champignons à l'envers sur une plaque de cuisson. Mélangez le persil, l'ail et l'huile dans un bol. Badigeonnez les champignons de ce mélange. Faites cuire 25 minutes au four jusqu'à ce que les champignons soient tendres.
**3** Pendant ce temps, faites cuire les pousses d'épinard à l'eau, à la vapeur ou au micro-ondes jusqu'à ce qu'ils soient fondus. Pressez-les pour retirer l'eau. Assaisonnez.
**4** Pour pocher les œufs, faites chauffer de l'eau à mi-hauteur dans une casserole large. Ajoutez le vinaigre et portez à ébullition. Cassez 1 œuf dans une tasse. Formez un tourbillon dans l'eau avec une cuillère en bois. Glissez l'œuf dans le tourbillon. Recommencez avec les autres œufs. Faites bouillir l'eau à nouveau, couvrez la casserole, retirez du feu et laissez reposer 4 minutes, jusqu'à ce que le blanc soit cuit autour du jaune. Retirez les œufs à l'aide d'une écumoire un par un et égouttez-les sur du papier absorbant.
**5** Pour servir, ajoutez les épinards et les œufs pochés sur les champignons. Assaisonnez.

**préparation + cuisson** 40 minutes
**pour** 2 personnes
**par portion** 190 kcal ; 13,6 g de lipides (dont 3,8 g de graisses saturées) ; 2,2 g de glucides ; 12,2 g de protéines ; 5,2 g de fibres

# porridge de riz à la poire et aux amandes

- 80 g de flocons de riz
- 250 ml d'eau
- 250 ml de boisson au riz
- ¼ de c. à c. de cannelle moulue
- 2 c. à s. d'amandes entières
- 1 petite poire (180 g)
- 1 c. à c. de graines de lin moulues
- 1 c. à c. de graines de tournesol moulues
- 1 c. à c. de poudre d'amandes
- 1 c. à c. de miel

**1** Mélangez les flocons de riz, l'eau, la boisson au riz et la cannelle dans une petite casserole. Couvrez et portez à ébullition ; remuez de temps en temps. Baissez le feu et faites cuire 5 minutes à couvert, en remuant de temps en temps, jusqu'à ce que les flocons de riz soient tendres. Retirez du feu et laissez reposer 5 minutes.
**2** Faites griller les amandes dans une petite poêle chaude puis hachez-les grossièrement.
**3** Coupez la poire en fines tranches avec une mandoline.
**4** Pour servir, disposez sur le porridge les amandes, les graines de lin et de tournesol, et la poudre d'amandes. Ajoutez les poires et le miel. Servez avec de la boisson au riz en plus, si vous le souhaitez.

**préparation + cuisson** 15 minutes
**pour** 2 personnes
**par portion** 366 kcal ;
11,1 g de lipides (dont 0,8 g de graisses saturées) ;
57,8 g de glucides ;
7,2 g de protéines ;
4,6 g de fibres

# asperges et tomates grillées, sauce au citron

- 340 g d'asperges vertes
- 2 c. à c. d'huile d'olive
- 125 g de tomates cerises
- 1 citron moyen (140 g)
- 95 g de yaourt nature
- 1 c. à c. de moutarde de Dijon
- 110 g de cresson

**1** Préchauffez le four à 200 °C.

**2** Parez les asperges et mettez-les sur une plaque de cuisson. Arrosez-les d'huile d'olive, assaisonnez et remuez bien. Enfournez pour 10 minutes environ, jusqu'à ce qu'elles soient cuites mais encore croquantes.

**3** Coupez les tomates en deux. Ajoutez les tomates sur la plaque avec les asperges, en plaçant le côté coupé vers le haut. Assaisonnez. Faites cuire 8 minutes environ au four, jusqu'à ce que les tomates soient tendres.

**4** Râpez finement le zeste du citron pour en obtenir 1 cuillerée à café et pressez le citron pour obtenir 2 cuillerées à café de jus. Mélangez le zeste, le jus, le yaourt et la moutarde dans un bol.

**5** Pour servir, disposez les asperges et les tomates dans un plat, ajoutez le cresson sur le dessus et nappez de sauce au citron.

**préparation + cuisson** 25 minutes
**pour** 2 personnes
**par portion** 136 kcal ;
6,1 g de lipides (dont 1,3 g de graisses saturées) ;
7,5 g de glucides ;
9,2 g de protéines ;
5,8 g de fibres

# croquettes de courgette, carotte et maïs, salade d'avocat à la coriandre

- 1 épi de maïs (400 g)
- 1 petite courgette (90 g)
- 1 carotte moyenne (120 g)
- 1 œuf
- 45 g de farine de riz
- 2 c. à s. d'eau
- 1 c. à s. d'huile de son de riz (dans les magasins bio)

salade d'avocat à la coriandre

- ½ avocat moyen
- 1 petite tomate (90 g)
- 1 c. à s. de jus de citron
- 2 c. à s. de coriandre fraîche finement hachée

**1** Enlevez les feuilles et les barbes des épis de maïs. Détachez les grains. Vous avez besoin de 8 cuillerées à soupe de grains de maïs. Faites cuire le maïs dans une petite casserole d'eau bouillante. Égouttez-le et laissez-le refroidir.
**2** Râpez grossièrement la courgette et pressez pour retirer l'eau. Pelez et râpez grossièrement la carotte. Séparez le blanc du jaune d'œuf. Mélangez la courgette, la carotte, le maïs, le jaune d'œuf, la farine et l'eau dans un saladier. Assaisonnez.
**3** Montez le blanc d'œuf en neige dans un saladier et incorporez-le au mélange précédent. Formez 6 croquettes.
**4** Faites chauffer l'huile dans une poêle et faites cuire les croquettes, en plusieurs fois, 2 minutes de chaque côté, jusqu'à ce qu'elles soient dorées.
**5** Pendant ce temps, préparez la salade d'avocat à la coriandre. Servez les croquettes avec la salade.

**SALADE D'AVOCAT À LA CORIANDRE** Pelez et dénoyautez l'avocat. Coupez l'avocat et la tomate en dés, puis mélangez-les avec le jus de citron et la coriandre dans un bol. Assaisonnez.

**préparation + cuisson** 25 minutes
**pour** 2 personnes
**par portion** 359 kcal ;
21,4 g de lipides (dont 5,2 g de graisses saturées) ;
29,9 g de glucides ;
8,8 g de protéines ;
5,6 g de fibres

muesli pommes, noix de pécan et quinoa

frittatas aux poireaux, champignons et tomates

# muesli pomme, noix de pécan et quinoa

- 55 g de flocons de quinoa
- 125 ml d'eau
- 1 pomme rouge (150 g)
- 70 g de yaourt
- 1 c. à s. de sirop d'agave
- 1 c. à c. d'extrait de vanille
- 2 c. à s. de noix de pécan grillées

**1** Mélangez le quinoa et l'eau dans un saladier. Couvrez et placez pour 1 heure au réfrigérateur, jusqu'à ce que le quinoa soit ramolli.
**2** Râpez grossièrement la pomme. Mélangez la pomme, le yaourt, le sirop d'agave et l'extrait de vanille avec le quinoa. Parsemez les noix de pécan hachées et servez.

**préparation + cuisson** 10 minutes (+ réfrigération)
**pour** 2 personnes
**par portion** 275 kcal ; 9,2 g de lipides (dont 0,9 g de graisses saturées) ; 39,2 g de glucides ; 6,9 g de protéines ; 4,6 g de fibres

# frittatas aux poireaux, champignons et tomates

- 1 petit poireau (200 g)
- 90 g de champignons de Paris
- 2 c. à c. d'huile d'olive
- 6 tomates cerises (75 g)
- 1 œuf
- 3 blancs d'œufs
- 60 g de ricotta allégée

**1** Préchauffez le four à 200 °C.
**2** Parez et lavez le poireau. Coupez-le en fines tranches. Coupez les champignons en quatre. Faites chauffer l'huile d'olive dans une poêle et faites fondre le poireau 5 minutes en remuant. Ajoutez les champignons et faites cuire 5 minutes en remuant. Versez la préparation dans des plats à four individuels (250 ml).
**3** Coupez les tomates cerises en deux. Mélangez l'œuf, les blancs d'œufs et le fromage dans un saladier. Assaisonnez. Versez ce mélange dans les plats à four. Ajoutez les moitiés de tomate sur le dessus.
**4** Faites cuire les frittatas 25 minutes.

**préparation + cuisson** 40 minutes
**pour** 2 personnes
**par portion** 182 kcal ; 11 g de lipides (dont 3,6 g de graisses saturées) ; 4,5 g de glucides ; 14,9 g de protéines ; 3,5 g de fibres

# pommes au four et yaourt aux épices

- 2 grosses pommes vertes (400 g)
- 2 c. à s. d'amandes entières finement hachées
- 1 c. à s. de pruneau finement haché
- 1 c. à s. de figue sèche finement hachée
- 1 c. à s. d'abricot sec finement haché

**yaourt aux épices**

- 95 g de yaourt nature
- 2 c. à c. de jus de citron
- 2 c. à c. d'extrait de vanille
- 1 c. à c. de miel
- ½ c. à c. de mélange d'épices pour pain d'épices

**1** Préchauffez le four à 180 °C.
**2** Évidez les pommes non pelées aux trois quarts, sans percer la base, pour former un trou de 4 cm de diamètre. Entaillez les pommes à mi-hauteur avec un couteau pointu.
**3** Mélangez les amandes et les fruits secs dans un bol. Mettez ce mélange dans le trou des pommes en tassant bien. Posez les pommes dans un petit plat à four et enfournez pour 35 minutes jusqu'à ce que les pommes soient tendres.
**4** Pendant ce temps, préparez le yaourt épicé. Pour servir, nappez les pommes de yaourt aux épices.

**YAOURT AUX ÉPICES** Mélangez les ingrédients dans un bol.

**préparation + cuisson** 45 minutes
**pour** 2 personnes
**par portion** 234 kcal ;
7,5 g de lipides (dont 1,1 g de graisses saturées) ;
32,8 g de glucides ;
6,3 g de protéines ;
6,1 g de fibres

# riz complet au lait et compote de fruits secs

- 100 g de riz complet
- 310 ml de boisson au riz
- 35 g de dattes dénoyautées
- 50 g d'abricots secs
- 35 g de canneberges séchées
- 1 gousse de vanille
- 250 ml d'eau
- 1 c. à s. de sirop d'agave

**1** Portez une petite casserole d'eau à ébullition. Ajoutez le riz et faites cuire 20 minutes sans couvrir. Égouttez et remettez le riz dans la casserole avec la boisson au riz. Faites cuire 15 minutes sans couvrir, jusqu'à ce que le riz soit cuit. Retirez du feu, couvrez et laissez reposer 5 minutes. Ajoutez un peu de boisson au riz si nécessaire.
**2** Préparez la compote. Coupez les dattes en deux et mélangez-les avec les abricots et les canneberges dans une petite casserole. Fendez la gousse de vanille en deux et prélevez les graines. Ajoutez les graines et la gousse dans la casserole ainsi que l'eau et le sirop d'agave. Portez à ébullition, baissez le feu et faites mijoter 8 minutes sans couvrir.
**3** Pour servir, ajoutez la compote sur le riz au lait.

**préparation + cuisson** 40 minutes
**pour** 2 personnes
**par portion** 451 kcal ; 3,5 g de lipides (dont 0,4 g de graisses saturées) ; 96 g de glucides ; 6,3 g de protéines ; 7,7 g de fibres

**conseil** Vous pouvez servir le riz au lait chaud ou froid.

# jus de betterave, carotte et gingembre

- 1 grosse betterave crue (200 g)
- 2 carottes moyennes (240 g)
- 2 pommes rouges (300 g)
- 10 g de gingembre frais (2 cm)

Ôtez les tiges de la betterave et lavez-la. Coupez-la non pelée en quartiers. Hachez grossièrement les carottes et les pommes. Pelez et râpez le gingembre. Mettez la betterave, les carottes et les pommes dans une centrifugeuse pour extraire le jus. Versez dans une carafe et ajoutez le gingembre.

**préparation** 5 minutes
**pour** 2 personnes
**par portion** (250 ml) 133 kcal ; 0,3 g de lipides (dont 0 g de graisses saturées) ; 26,3 g de glucides ; 2,9 g de protéines ; 8,2 g de fibres

# smoothie de soja, graines de lin, banane et framboise

- 1 grosse banane (230 g)
- 150 g de framboises surgelées
- 500 ml de boisson au soja
- 1 c. à s. de tahin
- 1 c. à c. de graines de lin moulues
- 1 c. à c. de graines de tournesol moulues
- 1 c. à c. de poudre d'amandes
- 1 c. à s. de miel

Pelez et coupez la banane en morceaux.
Mixez la banane avec le reste des ingrédients.

**préparation** 5 minutes
**pour** 3 personnes
**par portion** (250 ml) 268 kcal ; 10,8 g de lipides (dont 1,2 g de graisses saturées) ; 33,9 g de glucides ; 7,8 g de protéines ; 6,4 g de fibres

## smoothie d'ananas à la menthe

| |
|---|
| ½ petit ananas (450 g) |
| 125 ml de jus de citron vert |
| 8 c. à s. de menthe |
| 1 grosse poignée de glaçons |

Pelez l'ananas et retirez-en le cœur. Coupez-le en morceaux et mixez avec le reste des ingrédients. Servez aussitôt.

**préparation** 10 minutes
**pour** 3 personnes
**par portion** (250 ml) 47 kcal ; 0,3 g de lipides (dont 0 g de graisses saturées) ; 7,1 g de glucides ; 1,4 g de protéines ; 2,3 g de fibres

## jus détox au concombre

| |
|---|
| 10 g de gingembre frais (2 cm) |
| 1 pamplemousse rose (350 g) |
| 2 miniconcombres non pelés (260 g) |
| 2 poires non pelées (460 g) |

**1** Pelez et râpez le gingembre. Pelez et coupez le pamplemousse en quartiers. Hachez grossièrement les concombres et les poires.
**2** Mettez le pamplemousse, le concombre et la poire dans une centrifugeuse pour extraire le jus. Versez dans une carafe et ajoutez le gingembre.

**préparation** 5 minutes
**pour** 3 personnes
**par portion** (290 ml) 99 kcal ; 0,3 g de lipides (dont 0 g de graisses saturées) ; 20,7 g de glucides ; 1,4 g de protéines ; 4,2 g de fibres

# brunchs XXL

## bruschetta aux champignons, œufs et beurre à la sauge

- 30 g de beurre
- 4 œufs
- 2 c. à s. de sauge fraîche finement hachée
- 8 champignons de Paris géants (400 g)
- 4 tranches épaisses de ciabatta (400 g)
- 1 c. à s. d'huile d'olive
- 1 gousse d'ail
- 120 g de fromage frais à l'ail et aux fines herbes
- 40 g de beurre supplémentaire
- 12 feuilles de sauge
- 1 c. à s. de jus de citron

**1** Sortez le beurre et les œufs à température ambiante.
**2** Préchauffez le gril du four.
**3** Mélangez le beurre et la sauge hachée dans un bol.
**4** Retirez le pied des champignons. Mettez les champignons à l'envers sur une plaque de cuisson. Répartissez le beurre sur les champignons. Assaisonnez. Faites-les griller jusqu'à ce qu'ils soient tendres. Couvrez pour réserver au chaud.
**5** Mettez les œufs dans une petite casserole. Couvrez-les d'eau. Portez à ébullition en remuant pour centrer le jaune. Faites cuire 2 minutes sans couvrir. Égouttez et rincez les œufs à l'eau froide. Écalez-les.
**6** Badigeonnez les tranches de pain d'huile de chaque côté. Mettez-les sur une plaque de cuisson. Faites griller jusqu'à ce que le pain soit doré de chaque côté. Pelez et coupez l'ail en deux. Frottez le pain avec l'ail. Étalez le fromage frais sur le pain grillé.
**7** Ajoutez les champignons et les œufs coupés en deux sur le pain grillé.
**8** Faites chauffer le beurre supplémentaire dans une petite casserole. Ajoutez les feuilles de sauge et faites cuire jusqu'à ce que la sauge soit croustillante et le beurre légèrement doré. Ajoutez le jus de citron et versez sur les œufs. Assaisonnez.

**préparation + cuisson** 30 minutes
**pour** 4 personnes
**par portion** 452 kcal ;
35 g de lipides (dont 18,2 g de graisses saturées) ;
17,1 g de glucides ;
16,5 g de protéines ;
3,5 g de fibres

Nous avons utilisé des œufs de poule fermiers, car ils ont plus de blanc et gardent mieux leur forme en cuisant.

## english breakfast

- 4 saucisses de porc (320 g)
- 4 tranches de lard découennées (140 g)
- 80 ml d'huile végétale
- 2 boudins noirs (260 g) sans peau, coupés en tranches épaisses
- 420 g de haricots blancs à la tomate en boîte
- 4 gros champignons de Paris (260 g)
- 2 tomates mûres (250 g)
- 60 g de beurre
- 4 tranches épaisses de pain blanc (180 g)
- 4 œufs

**1** Préchauffez le four à 120 °C.
**2** Faites cuire les saucisses et le lard dans une grande poêle chaude jusqu'à ce qu'ils soient bien dorés. Mettez-les sur une plaque de cuisson et placez au four pour réserver au chaud. Essuyez la poêle.
**3** Ajoutez 1 cuillerée à soupe d'huile dans la poêle. Faites cuire les tranches de boudin noir 1 minute de chaque côté. Mettez-les au four sur la plaque pour les garder au chaud.
**4** Faites chauffer les haricots blancs dans une casserole en remuant de temps en temps.
**5** Coupez les pieds des champignons pour qu'ils soient à la même hauteur que les chapeaux. Coupez les tomates en deux. Assaisonnez les légumes. Faites chauffer 1 cuillerée à soupe d'huile dans la même poêle et faites dorer les champignons et les tomates. Placez-les au four sur la plaque.
**6** Faites chauffer 1 cuillerée à soupe d'huile et la moitié du beurre dans une autre poêle. Faites dorer le pain de chaque côté. Placez-le au four sur la plaque. Essuyez la poêle.
**7** Faites chauffer le reste de l'huile et du beurre dans la même poêle. Cassez les œufs dans la poêle et versez le beurre fondu sur les jaunes. Faites cuire les œufs, puis égouttez-les sur du papier absorbant. Mettez les œufs sur des assiettes chaudes.
**8** Servez les œufs avec les champignons, les saucisses, le lard, les tomates, le boudin, le pain grillé et les haricots blancs.

**préparation + cuisson** 30 minutes
**pour** 4 personnes
**par portion** 986 kcal ; 71,4 g de lipides (dont 25,1 g de graisses saturées) ; 37,6 g de glucides ; 45,3 g de protéines ; 10 g de fibres

**idée gourmande** Accompagnez le plat de sauce tomate ou de sauce Worcestershire.

# œufs pochés, polenta à la truffe et salsa verde

- 8 œufs
- 1 c. à s. de vinaigre d'alcool blanc
- 500 ml de bouillon de légumes ou de poulet
- 1 litre de lait
- 170 g de polenta
- 40 g de parmesan grossièrement râpé
- 40 g de beurre
- ½ c. à c. d'huile parfumée à la truffe blanche

salsa verde

- 1 gousse d'ail
- 2 filets d'anchois égouttés
- 1 c. à c. de câpres rincées et égouttées
- 1 bouquet de persil plat
- 5 c. à s. de feuilles de basilic
- 1 poignée de roquette
- 60 ml d'huile d'olive
- 1 c. à s. de jus de citron

**1** Pour pocher les œufs, faites chauffer de l'eau à mi-hauteur dans une casserole large. Ajoutez le vinaigre et portez à ébullition. Cassez 1 œuf dans une tasse. Formez un tourbillon dans l'eau avec une cuillère en bois. Glissez l'œuf dans le tourbillon. Recommencez avec les autres œufs. Faites bouillir l'eau à nouveau, couvrez la casserole, retirez du feu et laissez reposer 4 minutes jusqu'à ce que le blanc soit cuit autour du jaune. Retirez les œufs un par un, à l'aide d'une écumoire, et égouttez-les sur du papier absorbant. Ébarbez les œufs si nécessaire.

**2** Portez le bouillon et le lait à ébullition dans une casserole. Versez la polenta peu à peu. Faites cuire 20 minutes environ en remuant, jusqu'à ce que la polenta soit tendre. Incorporez le parmesan, le beurre et l'huile. Assaisonnez. Retirez du feu et couvrez.

**3** Pendant ce temps, préparez la salsa verde.

**4** Pour servir, ajoutez les œufs et la salsa verde sur la polenta.

**SALSA VERDE** Pelez et écrasez l'ail. Hachez finement les anchois, les câpres, les herbes et la roquette. Mélangez, avec l'ail, l'huile d'olive et le jus de citron dans un bol. Assaisonnez.

**préparation + cuisson** 50 minutes
**pour** 4 personnes
**par portion** 728 kcal ; 47,2 g de lipides (dont 19,4 g de graisses saturées) ; 44,2 g de glucides ; 31,8 g de protéines ; 2,4 g de fibres

**conseils** Vous pouvez faire pocher les œufs la veille. Conservez-les dans un bol d'eau froide. Couvrez et placez au réfrigérateur 1 jour maximum. Pour réchauffer les œufs, faites bouillir une casserole d'eau, puis baissez le feu à frémissement. Ajoutez les œufs pochés et faites chauffer 30 secondes. Retirez-les avec une écumoire et égouttez-les sur du papier absorbant. Nous avons utilisé des œufs de poule fermiers extrafrais, car ils ont plus de blanc et gardent mieux leur forme en cuisant.
La salsa verde peut être préparée la veille. Couvrez-la de film alimentaire et conservez-la au réfrigérateur dans une boîte hermétique. Sortez-la à température ambiante 30 minutes avant de la servir.
La polenta peut être préparée 1 heure à l'avance. Faites-la réchauffer en ajoutant un peu de bouillon si nécessaire pour qu'elle retrouve une texture onctueuse.
L'huile parfumée à la truffe est vendue dans les épiceries fines. Elle est chère, mais très peu d'huile suffit pour parfumer le plat. Vous pouvez ne pas l'utiliser si vous le souhaitez.

Le jarret de porc peut être cuit 1 ou 2 jours à l'avance. Vous pouvez le faire cuire selon le mode de cuisson ci-dessous ou le faire cuire dans une mijoteuse ou une cocotte-minute. Après cuisson, vous pouvez le découenner, le désosser et le conserver recouvert de bouillon au réfrigérateur. Il suffit ensuite de le réchauffer dans une casserole à feu doux.

## tortilla, maïs, jarret et salsa de piments jalapeño à la coriandre

- 1 oignon jaune moyen (150 g)
- 2 gousses d'ail
- 1 jarret de porc (1,5 kg)
- 4 épis de maïs frais (1,6 kg)
- 30 g de beurre à température ambiante
- 60 ml de crème liquide
- 400 g de tomates cerises ou de tomates cocktail en branches
- 1 c. à s. d'huile d'olive
- 4 tortillas de blé de 20 cm de diamètre (160 g)
- 1 avocat moyen (250 g)

salsa de piments jalapeño à la coriandre

- 8 c. à s. de coriandre fraîche
- 1 gousse d'ail
- 250 g de piments jalapeño en bocal égouttés
- ¼ de petit oignon rouge (20g)
- 1 c. à s. de jus de citron vert

**1** Pelez et coupez l'oignon en quatre. Pelez et écrasez l'ail. Mélangez le jarret, l'oignon et l'ail dans une grande casserole. Couvrez d'eau froide. Portez à ébullition, baissez le feu et faites mijoter 2 heures à couvert, jusqu'à ce que la viande se détache de l'os. Réservez 80 ml de bouillon. Retirez le jarret du bouillon et laissez-le refroidir légèrement. Retirez la couenne, le gras et l'os. Coupez la viande en morceaux et mettez-la dans un saladier résistant à la chaleur. Recouvrez-la avec le bouillon réservé et couvrez pour garder au chaud.
**2** Faites cuire les épis de maïs parés dans une grande casserole d'eau bouillante 20 minutes à couvert. Égouttez-les et laissez-les tiédir. Détachez les grains. Mixez les grains avec le beurre et la crème en purée grossière. Assaisonnez. Réchauffez le maïs dans la même casserole à feu doux en remuant ou au micro-ondes 1 minute à puissance maximale. Couvrez pour garder au chaud.
**3** Préparez la salsa de piments jalapeño à la coriandre.
**4** Préchauffez le gril du four. Mettez les tomates sur une plaque de cuisson et arrosez-les avec la moitié de l'huile d'olive. Assaisonnez. Faites griller 2 minutes.
**5** Badigeonnez les tortillas avec le reste de l'huile. Mettez-les sur une plaque de cuisson et faites-les dorer de chaque côté. Mettez les tortillas sur des assiettes.
**6** Pelez et dénoyautez l'avocat. Coupez-le en quatre. Étalez la purée de maïs sur les tortillas puis ajoutez le jarret, les tomates et l'avocat. Ajoutez la salsa sur le dessus.

**SALSA DE PIMENTS JALAPEÑO À LA CORIANDRE** Hachez grossièrement la coriandre. Pelez et écrasez l'ail. Épépinez et hachez finement les piments. Pelez et hachez finement l'oignon. Mélangez la coriandre, l'ail, les piments, l'oignon et le jus de citron vert dans un bol. Assaisonnez.

**préparation + cuisson** 2 h 45
**pour** 4 personnes
**par portion** 808 kcal ;
37,5 g de lipides (dont 13,2 g de graisses saturées) ;
71,4 g de glucides ;
35,2 g de protéines ;
22 g de fibres

# haricots au jarret de porc

**Cette recette peut être préparée la veille et réchauffée à feu doux dans une casserole.**

- **300 g de haricots blancs secs**
- **1 jarret de porc (1,5 kg)**
- **1 gros oignon jaune (200 g)**
- **3 gousses d'ail**
- **1 c. à s. d'huile d'olive**
- **70 g de concentré de tomates**
- **1 c. à s. de sauce Worcestershire**
- **2 c. à c. de moutarde de Dijon**
- **2 c. à s. de sirop d'érable**

**1** Faites tremper les haricots toute la nuit dans un saladier d'eau froide. Rincez-les et égouttez-les.
**2** Mettez les haricots et le jarret dans une grande casserole et couvrez-les d'eau froide. Portez à ébullition, baissez le feu et laissez mijoter 1 heure, sans couvrir. Retirez le jarret et réservez 500 ml de bouillon. Égouttez les haricots. Retirez la couenne, le gras et l'os du jarret. Coupez la viande en morceaux.
**3** Préchauffez le four à 150 °C.
**4** Pelez et hachez grossièrement l'oignon. Pelez et hachez finement l'ail. Faites chauffer l'huile d'olive dans un grand plat à four résistant au feu. Faites fondre l'oignon et l'ail en remuant. Ajoutez le concentré de tomates, le bouillon réservé, la sauce Worcestershire, la moutarde, les haricots blancs et le jarret. (Ne salez pas car cela durcirait les haricots.)
**5** Couvrez hermétiquement et faites cuire 2 heures au four jusqu'à ce que les haricots soient tendres. Remuez 2 fois en cours de cuisson. Ajoutez un peu d'eau si nécessaire. Incorporez le sirop d'érable. Assaisonnez.

**préparation + cuisson**
**3 h 30 (+ trempage)**
**pour 6 personnes**
**par portion 285 kcal ;**
**7,7 g de lipides (dont 1,9 g de graisses saturées) ;**
**28,1 g de glucides ;**
**22,8 g de protéines ;**
**10,4 g de fibres**

# flans aux épinards, feta, tomates et lard

- 1 oignon jaune moyen (150 g)
- 1 c. à s. d'huile d'olive
- 1 kg d'épinards
- 8 œufs
- 500 g de ricotta
- 200 g de feta
- 10 tranches fines de lard découennées (350 g)
- spray de cuisson
- 275 g de tomates cocktail en branches

**1** Préchauffez le four à 180 °C. Huilez 6 ramequins individuels (250 ml) et placez-les sur une plaque de cuisson.
**2** Pelez et hachez finement l'oignon. Faites chauffer l'huile d'olive dans une grande poêle. Faites fondre l'oignon en remuant. Retirez-le de la poêle.
**3** Parez les épinards. Faites-les fondre dans la même poêle en 2 fois, tout en remuant. Laissez-les refroidir et pressez-les pour retirer l'eau. Hachez-les grossièrement.
**4** Battez les œufs dans un saladier. Incorporez l'oignon, les épinards, la ricotta et la feta émiettées. Assaisonnez. Versez la préparation dans les ramequins. Faites cuire 30 minutes au four. Laissez reposer 15 minutes.
**5** Augmentez la température du four à 220 °C.
**6** Étalez les tranches de lard sur une plaque de cuisson et vaporisez-les légèrement de spray de cuisson. Faites cuire 5 minutes. Mettez les tomates sur une autre plaque et vaporisez-les de spray de cuisson. Faites-les cuire avec le lard 3 minutes de plus jusqu'à ce que les tomates commencent à être tendres et le lard doré.
**7** Servez les flans avec le lard et les tomates.

**préparation + cuisson** 1 heure
**pour** 6 personnes
**par portion** 484 kcal ; 32,9 g de lipides (dont 15,6 g de graisses saturées) ; 4,9 g de glucides ; 40 g de protéines ; 5,6 g de fibres

# pizzas aux œufs, champignons et prosciutto

- 375 g de farine T55, pour pain ou complète
- 2 c. à c. de sucre
- 2 c. à c. de gros sel
- 2 c. à c. de levure de boulanger déshydratée (7 g)
- 180 ml d'eau chaude
- 60 ml d'huile d'olive
- 250 g de mozzarella di buffala égouttée
- 100 g de champignons de Paris
- 180 g de coulis de tomate
- 6 œufs
- 6 tranches fines de prosciutto (120 g)
- 30 g de pousses d'épinard
- 20 g de copeaux de parmesan

**1** Tamisez la farine, le sucre et le sel dans un saladier. Incorporez la levure. Ajoutez l'eau et l'huile d'olive. Mélangez pour former une pâte collante. Placez la pâte sur le plan de travail fariné et pétrissez-la jusqu'à ce qu'elle soit souple et ne colle plus aux doigts. Mettez-la dans un saladier huilé, couvrez de film alimentaire et laissez lever 1 heure dans un endroit chaud, jusqu'à ce qu'elle double de volume.
**2** Pendant ce temps, coupez la mozzarella et les champignons en fines tranches.
**3** Préchauffez le four à 240 °C. Huilez 2 plaques de cuisson ou 2 plaques à pizza.
**4** Pressez la pâte pour faire sortir l'air et pétrissez-la sur le plan de travail fariné, jusqu'à ce qu'elle soit élastique. Coupez la pâte en deux. Étalez chaque moitié sur le plan de travail en ovale de 20 x 30 cm et mettez-les sur les plaques de cuisson. Étalez le coulis de tomate sur la pâte, puis ajoutez la mozzarella et les champignons. Faites cuire 5 minutes au four. Sortez les pizzas du four et cassez délicatement 3 œufs sur chaque pizza. Disposez les tranches de prosciutto entre les œufs.
**5** Faites cuire les pizzas 3 minutes de plus. Ajoutez les pousses d'épinard et les copeaux de parmesan sur le dessus. Servez aussitôt.

**préparation + cuisson** 40 minutes (+ repos)
**pour** 2 personnes
**par portion** 1 864 kcal ; 88,2 g de lipides (dont 33 g de graisses saturées) ; 163 g de glucides ; 100,5 g de protéines ; 10 g de fibres

**conseils** Vous pouvez utiliser de la pâte à pizza prête à l'emploi si vous préférez. Si votre four dispose de la fonction « pizza » qui permet de cuire directement sur la sole du four, vous obtiendrez une pizza encore plus croustillante.

La chakchouka, originaire du Maghreb et du Moyen-Orient, est un plat à base de tomates, piments et oignons dans lequel sont pochés des œufs. Pour la préparer, il est nécessaire d'avoir une poêle de taille moyenne allant au four. Vérifiez que votre poêle entre dans le four avant de commencer.

# chakchouka et pain turc

- 1 petit oignon jaune (80 g)
- 2 gousses d'ail
- 1 piment rouge long frais
- 6 tomates bien mûres (900 g)
- 1 c. à s. d'huile d'olive
- 2 c. à c. de cumin moulu
- 4 œufs
- ½ pain turc (200 g)
- 1 c. à s. d'huile d'olive supplémentaire
- 60 g de feta marinée à l'huile
- ½ c. à c. de sumac
- 5 c. à s. de persil plat

**1** Pelez et hachez finement l'oignon et l'ail. Coupez le piment en fines tranches. Hachez grossièrement les tomates.
**2** Faites chauffer l'huile d'olive dans une poêle de 24 cm de diamètre allant au four. Faites revenir l'oignon et le piment à feu doux, en remuant. Ajoutez l'ail et le cumin. Faites revenir en remuant. Ajoutez les tomates et faites mijoter 20 minutes à couvert. Retirez le couvercle et poursuivez la cuisson 10 minutes pour faire épaissir la sauce. Assaisonnez.
**3** Préchauffez le four à 180 °C.
**4** Creusez 4 trous dans le plat avec le dos d'une cuillère. Cassez 1 œuf dans chaque trou. Mettez la poêle dans le four et faites cuire 12 minutes, jusqu'à ce que le blanc soit cuit.
**5** Pendant ce temps, placez le pain sur une plaque de cuisson. Badigeonnez-le d'un peu d'huile d'olive supplémentaire. Faites cuire le pain en même temps que les œufs 5 minutes environ.
**6** Ajoutez la feta émiettée, le sumac et le persil sur le plat. Servez avec le pain coupé en tranches. Arrosez avec un peu d'huile d'olive.

**préparation + cuisson** 50 minutes
**pour** 2 personnes
**par portion** 733 kcal ; 39,6 g de lipides (dont 11 g de graisses saturées) ; 56,2 g de glucides ; 33 g de protéines ; 9,7 g de fibres

**conseils** Vous pouvez préparer les tomates cuites la veille. Réchauffez-les avant de faire cuire les œufs. Si vous n'avez pas de poêle allant au four, vous pouvez utiliser un plat à four à la place.

# saucisses d'agneau, labneh, dukkah et salade de tomates

Vous devez commencer la recette la veille.

- 2 c. à c. d'huile d'olive
- 8 saucisses d'agneau (880 g)
- 400 g d'un mélange de plusieurs variétés de tomates
- 125 g de tomates cerises en branches
- ½ petit oignon rouge (40 g)
- 250 g de roquette
- 1 c. à s. d'huile d'olive supplémentaire
- 1 c. à s. de jus de citron
- ¼ de c. à c. de sumac

labneh

- 1 c. à c. de fleur de sel
- 500 g de yaourt à la grecque
- 2 lanières de zeste de citron
- 125 ml d'huile d'olive environ

dukkah

- 110 g d'amandes mondées
- 35 g de graines de sésame
- 1 c. à s. de graines de coriandre
- 1 c. à s. de graines de cumin
- 1 c. à c. de fleur de sel
- ½ c. à c. de poivre noir du moulin

**1** Préparez le labneh et le dukkah.
**2** Faites chauffer l'huile d'olive dans une grande poêle. Faites cuire les saucisses jusqu'à ce qu'elles soient bien dorées.
**3** Coupez les tomates en tranches épaisses. Pelez et coupez l'oignon en fines tranches. Lavez la roquette. Mélangez les tomates, l'oignon, l'huile supplémentaire et le jus de citron dans un saladier. Assaisonnez.
**4** Servez les saucisses avec la salade de tomates, la roquette, le labneh et le dukkah. Parsemez le sumac sur le labneh.

**LABNEH** Tapissez une passoire avec une mousseline ou un linge fin. Placez la passoire sur un bol. Mélangez le sel avec le yaourt et versez dans la passoire. Couvrez et placez pour 24 heures au réfrigérateur. Jetez le liquide. Formez des boulettes avec le yaourt et mettez-les dans un petit récipient. Ajoutez les zestes de citron et recouvrez d'huile d'olive. Couvrez et placez au réfrigérateur jusqu'au moment de servir.

**DUKKAH** Préchauffez le four à 180 °C. Étalez les amandes sur une plaque de cuisson et les graines de sésame sur une autre. Faites griller 10 minutes environ ; laissez refroidir. Faites griller à sec les graines de coriandre et de cumin dans une petite poêle, en remuant, jusqu'à ce qu'une odeur d'épices se dégage. Laissez refroidir. Pilez les graines de coriandre et de cumin dans un mortier. Mixez finement les amandes. Mélangez les amandes, les graines de cumin, de coriandre et de sésame dans un bol. Salez et poivrez. Conservez dans une boîte hermétique.

**préparation + cuisson** 50 minutes (+ réfrigération)
**pour** 4 personnes
**par portion** 1 386 kcal ; 108,2 g de lipides (dont 31,5 g de graisses saturées) ; 29,9 g de glucides ; 71,6 g de protéines ; 7,6 g de fibres

**conseils** Vous pouvez préparer le dukkah 2 semaines à l'avance. Conservez-le dans une boîte hermétique dans un endroit frais et sec. Vous pouvez également le saupoudrer sur de l'agneau grillé, ou le servir avec du pain que vous trempez dans de l'huile d'olive puis dans les épices.
Le labneh peut être préparé 3 jours à l'avance et conservé au réfrigérateur.

# gâteau de ricotta et cerises rôties

- 1 gousse de vanille
- 800 g de ricotta
- 120 g de sucre glace
- 4 œufs
- 2 c. à c. d'eau de fleur d'oranger
- 45 g de pistaches

## cerises rôties

- 1 orange moyenne (240 g)
- 400 g de cerises fraîches ou surgelées
- 2 c. à s. de sucre
- 1 c. à s. de liqueur d'orange
- 1 c. à s. de jus de citron

**1** Préchauffez le four à 150 °C. Beurrez un moule à manqué de 20 cm de diamètre. Chemisez le fond et la paroi de papier sulfurisé.
**2** Fendez la gousse de vanille en deux. Prélevez les graines et mettez-les dans un saladier. Réservez la gousse pour les cerises rôties. Ajoutez la ricotta, le sucre glace, les œufs et l'eau de fleur d'oranger dans le saladier, puis mélangez. Versez la pâte dans le moule et lissez la surface.
**3** Mettez le moule dans un plat à four et ajoutez de l'eau bouillante à mi-hauteur du moule. Faites cuire 40 minutes. Retirez le moule du plat à four et laissez refroidir.
**4** Faites rôtir les cerises.
**5** Hachez grossièrement les pistaches. Démoulez le gâteau à la ricotta et coupez-le en parts. Pour servir, ajoutez les cerises rôties et les pistaches sur le gâteau.

**CERISES RÔTIES** Augmentez la température du four à 180 °C. Prélevez le zeste de l'orange à l'aide d'un zesteur. Pressez l'orange pour obtenir 80 ml de jus. Coupez les cerises en deux et dénoyautez-les. Mélangez le zeste, le jus d'orange, les cerises, le sucre et la gousse de vanille réservée dans un plat à four. Faites cuire 10 minutes au four, jusqu'à ce que les cerises soient à peine tendres. Ajoutez la liqueur et le jus de citron, puis mélangez.

**préparation + cuisson**
1 h 30 (+ refroidissement)
**pour** 4 personnes
**par portion** 671 kcal ;
33,8 g de lipides (dont 16,7 g de graisses saturées) ;
58,8 g de glucides ;
31,1 g de protéines ;
2,8 g de fibres

**conseil** Nous avons utilisé du Grand Marnier qui est à base de cognac, mais vous pouvez utiliser la liqueur à l'orange de votre choix.

# œufs mollets et yaourt aux herbes et au curry

- 3 tomates moyennes mûres (450 g)
- 25 g de gingembre frais (5 cm)
- 3 gousses d'ail
- 3 piments verts longs frais
- 1 c. à c. de sel
- 1 bouquet de coriandre fraîche
- 4 c. à s. de menthe fraîche
- 8 œufs
- 200 g de yaourt à la grecque
- 8 minipains roti (250 g) (dans les épiceries indiennes)
- 4 c. à s. de coriandre fraîche supplémentaire

**1** Hachez grossièrement 2 tomates, coupez la troisième en quartiers. Pelez et râpez le gingembre. Pelez et coupez les gousses d'ail en quatre. Hachez grossièrement les piments. Mixez finement les tomates hachées, le gingembre, l'ail, les piments, le sel, la coriandre (feuilles et tiges) et la menthe. Réservez 5 cuillerées à soupe du mélange pour servir.
**2** Mettez les œufs dans une casserole moyenne. Couvrez-les d'eau froide. Portez à ébullition en remuant pour centrer le jaune. Faites cuire 2 minutes sans couvrir. Égouttez et rincez les œufs à l'eau froide, puis écalez-les.
**3** Mettez les herbes mixées dans une petite casserole. Faites revenir en remuant 2 minutes environ, jusqu'à ce que le mélange soit chaud. Retirez du feu et incorporez le yaourt. Assaisonnez.
**4** Réchauffez les roti en suivant les instructions de l'emballage. Pour servir, mettez le yaourt aux herbes dans les assiettes et disposez les œufs et les quartiers de tomate sur le dessus. Ajoutez les herbes mixées réservées, ainsi que quelques feuilles de coriandre. Servez avec les roti.

**préparation + cuisson** 30 minutes
**pour** 4 personnes
**par portion** 427 kcal ; 19,8 g de lipides (dont 7,3 g de graisses saturées) ; 35,9 g de glucides ; 23 g de protéines ; 6,5 g de fibres

**conseil** Vous pouvez remplacer les roti par des pappadums, des naans ou par d'autres pains plats.

# pain perdu au chorizo, poivrons et olives vertes

Vous devez commencer la recette la veille.

- 40 g de beurre
- 3 chorizos frais (340 g)
- 8 tranches épaisses de pain au levain (800 g)
- 6 ciboules
- 100 g d'olives vertes dénoyautées
- 150 g de poivrons rouges grillés en bocal, égouttés
- 4 c. à s. d'origan finement haché
- 4 c. à s. de persil plat finement haché
- 120 g de parmesan grossièrement râpé
- 8 œufs
- 750 ml de lait

**1** Sortez le beurre à température ambiante.
**2** Coupez les chorizos en tranches fines et faites-les dorer de chaque côté dans une poêle. Égouttez-les sur du papier absorbant.
**3** Retirez la croûte du pain. Beurrez le pain et coupez les tranches en deux. Étalez la moitié du pain dans un plat à four (3 litres) huilé en superposant les tranches légèrement. Retirez les racines des ciboules et hachez-les grossièrement. Coupez les olives en deux. Répartissez la moitié des ciboules, du chorizo, des poivrons, des herbes, des olives et du parmesan sur le pain. Assaisonnez. Recommencez avec le reste des ingrédients.
**4** Battez les œufs et le lait dans un saladier. Assaisonnez. Versez ce mélange sur le pain. Couvrez et placez au réfrigérateur toute la nuit.
**5** Préchauffez le four à 160 °C.
**6** Placez le plat sur une plaque de cuisson. Faites cuire 50 minutes environ.

**préparation + cuisson** 1 h 30 (+ réfrigération)
**pour** 8 personnes
**par portion** 652 kcal ; 33,6 g de lipides (dont 15 g de graisses saturées) ; 54,4 g de glucides ; 31,1 g de protéines ; 5,5 g de fibres

**idée gourmande** Servez avec une salade de tomates.

## omelettes roulées aux crevettes façon thaï

- 500 g de crevettes crues
- 4 ciboules
- 1 piment rouge long frais
- 2 gousses d'ail
- 1 c. à s. d'huile d'arachide
- 1 c. à s. de sauce pimentée sucrée
- 1 c. à s. de nuoc-mâm
- 80 g de germes de soja
- 5 c. à s. de coriandre
- 8 œufs
- 80 ml d'eau
- 2 c. à s. d'huile d'arachide supplémentaire
- 1 citron vert
- 2 ciboules supplémentaires
- 2 c. à s. de coriandre fraîche supplémentaire

**1** Retirez la carapace et la veine noire dorsale des crevettes. Coupez-les en deux dans la longueur.

**2** Retirez les racines des ciboules et coupez-les en rondelles. Coupez le piment en fines tranches. Pelez et écrasez l'ail. Faites chauffer l'huile dans une poêle de 24 cm de diamètre. Faites revenir les ciboules, le piment, l'ail et les crevettes en remuant, jusqu'à ce que les crevettes deviennent roses. Retirez du feu. Ajoutez la sauce pimentée, la moitié du nuoc-mâm, les germes de soja et la coriandre. Versez dans un saladier. Couvrez pour réserver au chaud. Essuyez la poêle.

**3** Battez les œufs, l'eau et le reste du nuoc-mâm dans un saladier. Faites chauffer 2 cuillerées à café d'huile dans la même poêle. Ajoutez ¼ des œufs et tournez la poêle pour recouvrir le fond. Soulevez l'omelette d'un côté avec une spatule pour faire couler l'œuf non cuit dans la poêle. Recommencez jusqu'à ce que les œufs soient presque cuits. Recouvrez la moitié de l'omelette avec ¼ des crevettes cuites et repliez l'omelette autour de la garniture. Glissez-la sur une assiette chaude.

**4** Recommencez avec le reste de l'huile, des œufs et des crevettes pour préparer 3 autres omelettes en essuyant la poêle à chaque fois.

**5** Coupez le citron vert en quartiers. Retirez les racines des ciboules supplémentaires et coupez-les en fines tranches. Servez les omelettes avec les quartiers de citron vert, les ciboules et la coriandre.

**préparation + cuisson** 35 minutes
**pour** 4 personnes
**par portion** 347 kcal ;
24,8 g de lipides (dont 5,8 g de graisses saturées) ;
2,9 g de glucides ;
27,6 g de protéines ;
1,4 g de fibres

**conseil** Vous pouvez préparer les omelettes sans les rouler et répartir la garniture sur le dessus.

# pain perdu aux pommes et sauce caramel

- 2 pommes rouges (400 g)
- 55 g de sucre
- 2 c. à c. de zeste de citron finement râpé
- 1 c. à c. de cannelle moulue
- 4 œufs
- 180 ml de lait
- 60 ml de crème liquide
- 55 g de sucre supplémentaire
- 4 tranches de brioche de 3 cm d'épaisseur (240 g)
- 60 g de beurre
- 2 c. à c. de sucre glace

sauce caramel

- 80 g de beurre
- 75 g de sucre roux
- 160 ml de crème liquide

**1** Pelez les pommes, coupez-les en quatre et épépinez-les. Coupez-les en fines tranches et mélangez-les avec le sucre, le zeste de citron et la cannelle dans un saladier.
**2** Battez les œufs, le lait, la crème et le sucre supplémentaire dans un saladier.
**3** Préchauffez le four à 180 °C.
**4** Incisez les tranches de brioche dans l'épaisseur pour faire une poche en laissant une bordure de 1 cm. Glissez les tranches de pomme dans la poche. Conservez le jus restant au fond du saladier pour la sauce caramel. Trempez les tranches de brioche dans le lait des 2 côtés et mettez-les dans un plat à four ou sur une plaque de cuisson. Versez le reste du lait sur le pain.
**5** Faites chauffer la moitié du beurre dans une grande poêle. Faites cuire la moitié des tranches de brioche jusqu'à ce qu'elles soient dorées des 2 côtés. Mettez-les sur une plaque de cuisson recouverte de papier sulfurisé. Essuyez la poêle et recommencez avec le reste du beurre et de la brioche. Mettez la plaque de cuisson au four et faites cuire 10 minutes, jusqu'à ce que les pommes soient tendres.
**6** Préparez la sauce caramel.
**7** Saupoudrez le pain perdu de sucre glace et servez-le avec la sauce caramel. Vous pouvez l'accompagner de yaourt ou de crème si vous le souhaitez.

**SAUCE CARAMEL** Mélangez le beurre, le sucre, la crème et le jus réservé dans une casserole moyenne. Faites chauffer à feu doux en remuant, jusqu'à ce que le beurre soit fondu, puis portez à ébullition et retirez du feu.

**préparation + cuisson** 45 minutes
**pour** 4 personnes
**par portion** 498 kcal ; 19,8 g de lipides (dont 9,6 g de graisses saturées) ; 67,7 g de glucides ; 13,7 g de protéines ; 2,6 g de fibres

# churros et chocolat chaud

- 100 g de beurre
- 250 ml d'eau
- 150 g de farine
- 3 œufs
- huile de friture
- 75 g de sucre
- 1 c. à c. de cannelle moulue

### chocolat chaud

- 180 g de chocolat noir
- 1 litre de lait
- 250 ml d'eau
- 110 g de sucre
- 35 g de cacao en poudre

**1** Coupez le beurre en dés. Portez le beurre et l'eau à ébullition dans une casserole moyenne. Ajoutez la farine tamisée et mélangez énergiquement avec une cuillère en bois, jusqu'à ce que la pâte se détache des parois de la casserole et forme une boule.
**2** Versez la pâte dans un saladier et ajoutez les œufs un à un, tout en fouettant avec un batteur électrique 1 minute environ, jusqu'à ce que la pâte soit brillante.
**3** Préparez le chocolat chaud.
**4** Faites chauffer l'huile dans une friteuse ou une grande casserole. Versez la pâte dans une poche munie d'une douille cannelée de 1 cm de diamètre. Faites tomber dans l'huile des bandes de pâte de 15 cm de long. Coupez les bandes de pâte avec un couteau pointu ou des ciseaux. Faites frire 4 churros à la fois, 2 minutes environ de chaque côté. Égouttez-les sur du papier absorbant. Roulez les churros chauds dans le sucre mélangé à la cannelle.
**5** Servez les churros aussitôt et dégustez-les en les trempant dans le chocolat chaud servi dans des tasses ou des verres.

**CHOCOLAT CHAUD** Cassez le chocolat en morceaux dans une grande casserole. Ajoutez le lait, l'eau, le sucre et le cacao tamisé. Fouettez à feu doux jusqu'à ce que le chocolat soit fondu. Réservez au chaud ou à feu très doux.

**préparation + cuisson** 40 minutes
**pour** 6 personnes
**par portion** 701 kcal ;
39 g de lipides (dont 23,7 g de graisses saturées) ;
75,6 g de glucides ;
14,1 g de protéines ;
2,6 g de fibres

# brunchs express

La plupart des recettes de brunchs express doivent être préparées à l'avance afin de pouvoir être consommées rapidement le matin ou emportées. Vous pouvez également utiliser un mug à couvercle pour transporter les jus ou les smoothies.

## muffins aux fruits rouges, ricotta et menthe

- 8 c. à s. de feuilles de menthe fraîche
- 300 g de farine avec levure incorporée
- 150 g de farine
- ¼ de c. à c. de bicarbonate de soude
- 125 g de beurre
- 165 g de sucre roux
- 225 g d'un mélange de fruits rouges frais ou surgelés
- 180 g de ricotta
- 1 œuf
- 180 ml de lait
- 2 c. à c. de sucre glace

**1** Préchauffez le four à 200 °C. Beurrez une plaque à 6 muffins (180 ml).

**2** Hachez finement les feuilles de menthe. Tamisez les farines et le bicarbonate de soude au-dessus d'un saladier. Ajoutez le beurre et sablez la pâte grossièrement du bout des doigts. Incorporez le sucre, les fruits rouges, la ricotta émiettée et la menthe. Ajoutez l'œuf battu et le lait, puis remuez sans trop mélanger (la pâte doit rester grumeleuse).

**3** Répartissez la pâte dans les moules. Faites cuire 35 minutes au four. Laissez reposer les muffins 5 minutes avant de les démouler sur une grille. Saupoudrez-les de sucre glace avant de servir.

**préparation + cuisson** 45 minutes
**pour** 6 muffins
**par muffin** 614 kcal ; 23,6 g de lipides (dont 14,6 g de graisses saturées) ; 84,2 g de glucides ; 13,6 g de protéines ; 5,2 g de fibres

**conseil** Vous pouvez congeler les muffins 3 mois en les enveloppant séparément dans du film alimentaire. Décongelez-les toute la nuit au réfrigérateur ou passez-les au micro-ondes 30 secondes à puissance maximale.

## boulettes aux fruits secs à l'asiatique

- ½ tige de citronnelle (10 g)
- 2 feuilles de citronnier kaffir
- 25 g de gingembre frais (5 cm)
- 55 g de pommes séchées finement hachées
- 200 g de figues sèches finement hachées
- 70 g de All-Bran
- 75 g de noix de coco râpée
- 90 g de flocons d'avoine
- 175 g de miel
- 125 g de beurre
- 75 g de sucre roux

**1** Hachez finement la citronnelle et les feuilles de kaffir. Pelez et râpez le gingembre. Mélangez la citronnelle, les feuilles de kaffir et le gingembre dans un saladier avec les fruits secs, le All-Bran, la noix de coco et les flocons d'avoine.
**2** Faites chauffer le miel, le beurre et le sucre dans une petite casserole sans faire bouillir, jusqu'à ce que le sucre soit fondu. Portez à ébullition, baissez le feu et faites cuire 7 minutes sans remuer, jusqu'à ce qu'un peu de sirop plongé dans de l'eau froide forme une boule molle (ou que le sirop atteigne 116 °C).
**3** Versez le sirop dans le saladier et mélangez bien tous les ingrédients. Laissez refroidir 5 minutes, puis formez des boulettes avec les mains. Mettez-les sur une plaque de cuisson chemisée de papier sulfurisé. Couvrez et placez au réfrigérateur jusqu'à ce qu'elles durcissent.

**préparation + cuisson** 30 minutes (+ réfrigération)
**pour** 35 boulettes
**par boulette** 85 kcal ; 3,3 g de lipides (dont 2 g de graisses saturées) ; 12,6 g de glucides ; 0,8 g de protéines ; 1,8 g de fibres

**conseil** Conservez les boulettes dans une boîte hermétique, en les séparant avec du papier sulfurisé, 1 semaine maximum à température ambiante.

# smoothie à l'italienne

- 1 c. à s. de café soluble
- 1 c. à s. de cacao amer en poudre
- 2 c. à c. de sucre
- 2 c. à s. d'eau bouillante
- 320 ml de lait froid
- 6 boudoirs (120 g)
- 2 c. à s. de mascarpone
- 2 c. à s. de crème épaisse entière
- ½ c. à c. de cannelle moulue
- 10 myrtilles (40 g)
- 20 g de chocolat noir

**1** Mélangez le café, le cacao, le sucre et l'eau dans un saladier. Remuez pour faire fondre le sucre. Incorporez le lait.

**2** Coupez chaque boudoir en trois et mettez les biscuits dans 2 verres. Versez le lait sur les biscuits.

**3** Mélangez le mascarpone, la crème et la cannelle dans un bol. Versez ce mélange sur les biscuits. Ajoutez les myrtilles et le chocolat noir râpé ou en copeaux sur le dessus.

**préparation** 10 minutes
**pour** 2 personnes
**par portion** 551 kcal ;
31,1 g de lipides (dont 20,3 g de graisses saturées) ;
56,7 g de glucides ;
12,5 g de protéines ;
2 g de fibres

**conseils** Ce smoothie s'inspire du tiramisu. Pour réaliser des copeaux de chocolat, vous pouvez utiliser un épluche-légumes. Préparez le mélange à base de lait la veille au soir et conservez-le au réfrigérateur. Assemblez le smoothie le matin dans une petite boîte hermétique et n'oubliez pas d'emporter une cuillère pour le déguster.

# smoothie noix de coco, mangue et tapioca

Commencez cette recette la veille au soir. La boisson ne contient pas de produits laitiers.

- 1 c. à s. de tapioca
- 125 ml de lait de coco
- 225 g de mangue au sirop coupée en morceaux
- 60 ml de jus de citron vert
- 1 c. à s. de zeste de citron vert finement râpé
- 1 c. à s. de noix de coco râpée

**1** Faites cuire le tapioca dans une petite casserole d'eau bouillante 10 minutes environ, jusqu'à ce qu'il soit tendre. Retirez du feu, couvrez et laissez reposer 10 minutes. Égouttez le tapioca et rincez-le à l'eau froide. Mettez-le dans un bol et couvrez-le d'eau froide. Placez-le au réfrigérateur jusqu'au moment de servir.

**2** Mixez le lait de coco, la mangue égouttée, le jus de citron vert et la moitié du zeste dans un blender jusqu'à ce que le mélange soit onctueux.

**3** Faites griller à sec la noix de coco dans une petite poêle en remuant, jusqu'à ce qu'elle soit légèrement dorée. Retirez du feu.

**4** Égouttez le tapioca et versez-le dans 2 verres. Versez le mélange mixé dans les verres et remuez. Parsemez les smoothies de noix de coco grillée et du zeste de citron vert restant.

**préparation + cuisson** 20 minutes
**pour** 2 personnes
**par portion** 212 kcal ; 15 g de lipides (dont 12,9 g de graisses saturées) ; 15,2 g de glucides ; 2,2 g de protéines ; 2,4 g de fibres

**conseil** Faites griller la noix de coco la veille et conservez-la au réfrigérateur. Faites cuire le tapioca et préparez le mélange mixé au lait de coco la veille au soir et placez-le au réfrigérateur. Assemblez le smoothie le lendemain matin.

# rubans aux fraises

- 90 g de canneberges séchées
- 100 g de chips de banane séchée
- 750 g de fraises
- 1 c. à s. de jus de citron
- 2 c. à s. de sucre
- 40 g de graines de chia

**1** Mettez les canneberges dans un bol et recouvrez-les d'eau bouillante. Posez le couvercle et laissez gonfler 10 minutes.
**2** Mixez finement les chips de banane et mettez-les dans un bol.
**3** Équeutez les fraises et mixez-les finement avec les canneberges égouttées, le jus de citron et le sucre.
**4** Versez le mélange dans une grande poêle et faites cuire 1 heure à feu doux, en remuant de temps en temps, jusqu'à ce que le mélange soit très épais et collant. Ajoutez les bananes mixées et les graines de chia.
**5** Préchauffez le four à 100 °C.
**6** Étalez le mélange sur un rectangle de papier sulfurisé de 22 x 35 cm. Glissez le papier sur une plaque de cuisson. Faites cuire au four 2 heures en tournant la plaque d'un quart de tour toutes les 30 minutes. Sortez la plaque du four, posez une autre feuille de papier sulfurisé dessus et retournez délicatement la préparation de l'autre côté. Faites cuire 2 heures en tournant la plaque d'un quart de tour toutes les 30 minutes, jusqu'à ce que la préparation ne soit plus collante.
**7** Laissez refroidir sur la plaque avant de couper 12 bandes. Conservez-les enroulées dans du papier sulfurisé.

**préparation + cuisson** 5 h 15
**pour** 12 rubans
**par ruban** 86 kcal ; 1,2 g de lipides (dont 0,1 g de graisses saturées) ; 16,4 g de glucides ; 2,1 g de protéines ; 2,4 g de fibres

**conseils** Conservez les rubans enroulés dans du papier sulfurisé au réfrigérateur ou au congélateur.
Les graines de chia ne contiennent pas de gluten, sont complètes et sont riches en oméga-3, en protéines, en antioxydants, en vitamines et en minéraux. Ils sont disponibles dans les magasins diététiques et bio.

# scones au lard et aux tomates

- 3 œufs
- 3 tranches de lard découennées (195 g)
- 110 g de tomates semi-séchées à l'huile, égouttées
- 90 g de cheddar ou de gruyère grossièrement râpé
- 300 g de farine avec levure incorporée
- 1 c. à c. de sucre
- 180 ml de lait

**1** Préchauffez le four à 200 °C. Huilez une plaque de cuisson et chemisez-la de papier sulfurisé.
**2** Mettez les œufs dans une casserole et couvrez-les d'eau froide. Portez à ébullition en remuant pour centrer le jaune. Faites cuire 6 minutes sans couvrir. Égouttez et rincez les œufs à l'eau froide, puis écalez-les.
**3** Pendant ce temps, faites cuire le lard dans une grande poêle chaude jusqu'à ce qu'il soit croustillant. Égouttez-le sur du papier absorbant. Hachez grossièrement les œufs, le lard et les tomates et mettez-les dans un saladier. Ajoutez la moitié du fromage et mélangez bien.
**4** Tamisez la farine et le sucre au-dessus d'un saladier. Ajoutez la préparation précédente et mélangez. Creusez un puits au centre et versez le lait. Mélangez pour former une pâte. Mettez la pâte sur le plan de travail fariné et pétrissez-la jusqu'à ce qu'elle soit souple. Étalez la pâte du bout des doigts en cercle de 22 cm de diamètre sur la plaque de cuisson. Trempez un couteau pointu dans la farine et coupez la pâte en 8 parts. Parsemez avec le reste du fromage.
**5** Faites cuire au four 30 minutes jusqu'à ce que le gâteau sonne creux quand vous le tapotez. Laissez refroidir sur la plaque.

**préparation + cuisson** 40 minutes
**pour** 8 scones
**par scone** 299 kcal ; 10,2 g de lipides (dont 4,7 g de graisses saturées) ; 33 g de glucides ; 16,6 g de protéines ; 3,4 g de fibres

**conseil** Enveloppez les scones dans du film alimentaire et congelez-les 3 mois au maximum. Décongelez-les toute la nuit au réfrigérateur ou passez-les au micro-ondes 1 minute à puissance maximale.

Vous aurez besoin de 375 ml de purée de potiron pour réaliser cette recette. Vous pouvez utiliser la variété que vous souhaitez.

## scones au potiron et au panch phora

Le panch phora est un mélange d'épices souvent utilisé dans la cuisine indienne.

- 40 g de beurre
- 800 g de potiron
- 2 c. à s. de panch phora
- 55 g de sucre
- 1 jaune d'œuf
- 375 g de farine avec levure incorporée
- 80 ml de lait environ
- 50 g de graines de courge

**1** Sortez le beurre à température ambiante.
**2** Préchauffez le four à 200 °C. Huilez un moule rectangulaire de 20 x 30 cm. Chemisez-le de papier sulfurisé en faisant celui-ci dépasser de 5 cm.
**3** Pelez et coupez le potiron en dés. Mettez-le sur une plaque de cuisson. Assaisonnez. Faites-le cuire au four 15 minutes jusqu'à ce qu'il soit tendre. Laissez-le refroidir, puis écrasez-le dans un saladier avec une fourchette.
**4** Faites griller à sec les épices dans une petite poêle à feu moyen, en remuant, jusqu'à ce que les graines commencent à sauter.
**5** Fouettez le beurre, le sucre et le jaune d'œuf dans un saladier à l'aide d'un batteur électrique. Ajoutez cette préparation ainsi que les épices dans le saladier avec le potiron et mélangez. Incorporez la farine et suffisamment de lait pour obtenir une pâte souple.
**6** Mettez la pâte sur le plan de travail fariné et pétrissez-la jusqu'à ce qu'elle soit souple. Étalez la pâte dans le moule. Trempez un couteau dans la farine et découpez la pâte en carrés de 5 cm de côté. Répartissez les graines de courge sur le dessus.
**7** Faites cuire 25 minutes environ jusqu'à ce que le gâteau sonne creux quand vous le tapotez. Laissez refroidir dans le moule.

**préparation + cuisson** 55 minutes
**pour** 24 scones
**par scone** 102 kcal ; 3 g de lipides (dont 1,3 g de graisses saturées) ; 15,5 g de glucides ; 2,9 g de protéines ; 1,1 g de fibres

**conseils** Enveloppez les scones dans du film alimentaire et congelez-les 3 mois au maximum. Décongelez-les toute la nuit au réfrigérateur ou passez-le au micro-ondes 1 minute à puissance maximale.
Pour préparer le panch phora, mélangez 2 cuillerées à café de graines de cumin, 2 cuillerées à café de graines de nigelle, 2 cuillerées à café de graines de moutarde, 1 cuillerée à café de graines de fenouil et 1 cuillerée à café de graines de fenugrec.

scones courgette, feta et maïs

# scones courgette, feta et maïs

- 1 petite courgette (90 g)
- ½ épi de maïs frais paré (125 g)
- 100 g de feta
- 50 g de parmesan finement râpé
- 450 g de farine avec levure incorporée
- 2 c. à c. de sucre
- 250 ml de lait environ

**1** Préchauffez le four à 220 °C. Huilez et chemisez une plaque de cuisson de papier sulfurisé.
**2** Hachez grossièrement la courgette non pelée. Détachez les grains de maïs de l'épi. Mélangez la courgette, le maïs, la feta émiettée et le parmesan dans un saladier.
**3** Tamisez la farine et le sucre dans un saladier. Ajoutez la préparation précédente et mélangez. Creusez un puits au centre et versez le lait. Mélangez pour former une pâte. Mettez la pâte sur le plan de travail fariné et pétrissez-la jusqu'à ce qu'elle soit souple. Étalez la pâte du bout des doigts en un cercle de 22 cm de diamètre sur la plaque de cuisson. Trempez un couteau pointu dans la farine et coupez la pâte en 12 parts. Badigeonnez le dessus d'un peu de lait.
**4** Faites cuire au four 30 minutes jusqu'à ce que le gâteau sonne creux quand vous le tapotez. Laissez refroidir sur la plaque, puis détachez les parts.

**préparation + cuisson** 55 minutes
**pour** 12 scones
**par scone** 196 kcal ;
4,7 g de lipides (dont 2,8 g de graisses saturées) ;
29,6 g de glucides ;
7,8 g de protéines ;
1,9 g de fibres

wrap au jambon et à l'œuf

# wrap au jambon et à l'œuf

Le wrap est une façon très pratique d'emporter de l'œuf et du jambon à consommer en route.

- 1 œuf
- 2 c. à s. de pesto
- 1 wrap de tortilla de blé (70 g)
- 3 tranches de jambon cru (45 g)

**1** Mettez l'œuf dans une petite casserole. Couvrez-le d'eau. Portez à ébullition en remuant pour centrer le jaune. Faites cuire 3 minutes sans couvrir. Égouttez et rincez l'œuf à l'eau froide, puis écalez-le.
**2** Étalez le pesto sur le wrap. Coupez le jambon et l'œuf en morceaux. Mettez-les sur un des côtés du wrap. Roulez le wrap autour de la garniture.
**3** Faites dorer le wrap dans un appareil à croque-monsieur ou dans une poêle.

**préparation + cuisson** 10 minutes
**pour** 1 personne
**par portion** 508 kcal ;
28,4 g de lipides (dont 6,8 g de graisses saturées) ;
37,5 g de glucides ;
24,7 g de protéines ;
3,1 g de fibres

**conseil** Vous pouvez préparer le wrap la veille au soir et le terminer à partir de l'étape 2 le lendemain matin.

# salade de fruits rouges au yaourt et au muesli

- 250 ml d'eau
- 220 g de sucre
- ½ c. à c. d'eau de rose
- 2 clous de girofle
- 1 bâton de cannelle
- 300 g de pastèque
- 250 g de fraises
- 100 g de myrtilles
- 1 c. à s. de menthe fraîche finement hachée
- 280 g de yaourt à la grecque
- 90 g de muesli grillé

**1** Mélangez l'eau, le sucre, l'eau de rose, les clous de girofle et la cannelle dans une petite casserole. Faites chauffer sans faire bouillir jusqu'à ce que le sucre soit fondu. Retirez du feu et laissez refroidir.

**2** Coupez la pastèque en dés. Équeutez les fraises et coupez-les en morceaux. Mélangez la pastèque, les fraises, les myrtilles, la menthe et 2 cuillerées à soupe de sirop dans un saladier. Répartissez les fruits dans des verres. Ajoutez le yaourt et le muesli sur le dessus et arrosez avec 1 cuillerée à café de sirop par verre.

**préparation + cuisson** 15 minutes
**pour** 4 personnes
**par portion** 268 kcal ; 8,8 g de lipides (dont 5 g de graisses saturées) ; 37,7 g de glucides ; 7,4 g de protéines ; 4,1 g de fibres

**conseil** Préparez le sirop à l'avance. Conservez-le dans un récipient hermétique au réfrigérateur 1 mois au maximum. Préparez les fruits la veille au soir et réalisez la salade de fruits dans une boîte hermétique le lendemain matin. N'oubliez pas d'emporter une cuillère pour la déguster.

# barres de céréales

- 80 g d'amandes entières
- 225 g de flocons d'avoine
- 2 c. à s. de poudre d'açaï
- 50 g de beurre
- 60 ml d'huile d'olive
- 115 g de miel

**1** Préchauffez le four à 160 °C. Huilez un moule rectangulaire de 20 x 30 cm. Chemisez-le de papier sulfurisé en faisant celui-ci dépasser de 5 cm.

**2** Hachez grossièrement les amandes. Mélangez les amandes, les flocons d'avoine et la poudre d'açaï dans un saladier.

**3** Faites fondre le beurre avec l'huile d'olive et le miel dans une casserole. Ajoutez le mélange précédent et remuez bien. Étalez le tout dans le moule et pressez bien.

**4** Faites cuire 30 minutes au four. Laissez refroidir dans le moule avant de couper.

**préparation + cuisson** 40 minutes
**pour** 24 barres
**par barre** 107 kcal ; 6,7 g de lipides (dont 1,7 g de graisses saturées) ; 9,9 g de glucides ; 1,7 g de protéines ; 1 g de fibres

**conseils** Ce mélange sera mou à la sortie du four puis deviendra croustillant en refroidissant. Choisissez une huile d'olive douce pour préparer la recette. Vous pouvez stocker les barres dans une boîte hermétique à température ambiante 5 jours maximum.

## smoothie au thé à l'indienne

- 1 sachet de thé noir
- 125 ml d'eau bouillante
- 1 c. à c. de cannelle moulue
- 1 c. à c. de cardamome moulue
- 1 c. à c. de clous de girofle moulus
- 1 c. à c. de gingembre moulu
- 2 biscuits secs au gingembre ou autres biscuits secs
- 70 g de yaourt à la grecque
- 1 c. à s. de miel
- 250 ml de lait

**1** Mettez le sachet de thé et l'eau dans une tasse. Faites infuser 3 minutes. Retirez le sachet et laissez refroidir.
**2** Mixez le thé avec le reste des ingrédients jusqu'à ce que le mélange soit onctueux.

**préparation** 10 minutes
**pour** 1 personne
**par portion** 393 kcal ; 14 g de lipides (dont 8,7 g de graisses saturées) ; 53,7 g de glucides ; 14 g de protéines ; 0,4 g de fibres

## smoothie de thé vert au sagou

- 1 c. à s. de sagou
- 1 c. à c. de thé vert matcha
- 250 ml de lait
- 1 c. à s. de lait concentré sucré

**1** Faites cuire le sagou dans une petite casserole d'eau bouillante 10 minutes environ. Retirez du feu, couvrez et laissez reposer 10 minutes. Égouttez-le et rincez-le à l'eau froide. Mettez-le dans un bol, recouvrez-le d'eau froide et placez au réfrigérateur jusqu'au moment de servir.
**2** Mixez la poudre de thé, le lait et le lait concentré.
**3** Égouttez le sagou et mettez-le dans un verre. Versez le lait au matcha dans le verre. Mélangez.

**préparation + cuisson** 20 minutes
**pour** 1 personne
**par portion** 294 kcal ; 10,9 g de lipides (dont 7,1 g de graisses saturées) ; 39,5 g de glucides ; 10,9 g de protéines ; 0,1 g de fibres

**conseil** Faites cuire le sagou la veille au soir. Placez-le au réfrigérateur toute la nuit et confectionnez le smoothie le lendemain matin. Le sagou est différent du tapioca.

## smoothie énergétique

140 g de yaourt à la grecque
75 g d'un mélange de fruits rouges surgelés
1 c. à s. de baies de goji séchées
1 petite banane (130 g) pelée
1 c. à s. de miel
250 ml de lait
2 c. à c. de graines de lin moulues
2 c. à c. de graines de chia
1 c. à c. de menthe fraîche coupée en fines lanières

**1** Mixez le yaourt, les fruits rouges, les baies de goji, la banane coupée en dés, le miel, le lait et la moitié des graines, jusqu'à ce que le mélange soit onctueux.
**2** Versez le smoothie dans des verres. Ajoutez la menthe sur le dessus ainsi que le reste des graines.

**préparation** 5 minutes
**pour** 2 personnes
**par portion** 327 kcal ; 15,2 g de lipides (dont 8 g de graisses saturées) ; 35,4 g de glucides ; 10,8 g de protéines ; 3,9 g de fibres

## smoothie à la grenade

1 grenade moyenne
140 g de yaourt à la grecque
2 c. à c. de miel
1 petite banane (130 g) pelée
2 c. à c. de pistaches grillées non salées

**1** Coupez la grenade en deux. Soulevez la peau avec une cuillère pour détacher les graines dans un bol. Retirez toute trace de membrane. Réservez 1 cuillerée à café de graines. Pilez le reste des graines dans un mortier. Filtrez la pulpe dans un blender et jetez les résidus solides.
**2** Ajoutez le yaourt, le miel et la banane coupée en dés dans le blender, puis mixez jusqu'à ce que le mélange soit onctueux.
**3** Hachez finement les pistaches. Versez le smoothie dans un verre et ajoutez les graines de grenade réservées et les pistaches sur le dessus.

**préparation** 10 minutes
**pour** 1 personne
**par portion** 532 kcal ; 19,5 g de lipides (dont 9,7 g de graisses saturées) ; 66,1 g de glucides ; 14,9 g de protéines ; 14,3 g de fibres

# techniques culinaires

**Parer le cresson** Utilisez des ciseaux pour retirer les racines, puis éliminez les tiges fanées.

**Parer les asperges** Coupez l'extrémité dure, puis tenez la base de la tige d'une main et la pointe de l'autre main et courbez-la pour qu'elle se casse à la jonction des parties tendres et dures. Pelez la tige.

**Parer une betterave** Coupez les tiges à 2 cm du bulbe et conservez la racine afin qu'elle ne perde pas trop de jus et conserve sa couleur à la cuisson.

**Laver un poireau** Coupez-le en deux dans la longueur sans le détacher à la base. Écartez les feuilles et lavez-le sous l'eau froide. Cela permet de retirer la terre présente dans les feuilles.

**Détacher les grains d'un épi de maïs frais** Retirez les feuilles et les barbes (les fils) et coupez l'un des côtés pour pouvoir le poser à plat. À l'aide d'un couteau de cuisine à grande lame, coupez l'épi le plus près possible du cœur pour détacher les grains.

**Faire une omelette fine** Fouettez les œufs et versez-les dans un wok chaud légèrement huilé (ou une grande poêle). Penchez le wok pour recouvrir les parois avec les œufs. Faites cuire selon le degré de cuisson souhaité.

**Écraser de l'ail** Pressez énergiquement une gousse d'ail non pelée avec le plat d'un grand couteau de cuisine. Retirez la pelure et hachez l'ail finement avec le couteau. Vous pouvez également utiliser un presse-ail qui permet à l'ail de passer à travers les trous tandis que la pelure reste dans l'appareil.

**Détacher les feuilles de thym frais** Tenez le sommet de la tige de thym d'une main et effeuillez-la de l'autre main en glissant le long de la tige. Les minuscules rameaux qui se détachent peuvent également être utilisés.

**Ouvrir une noix de coco verte (1)** Utilisez un grand couteau de cuisine pour inciser le sommet de la noix.

**Ouvrir une noix de coco verte (2)** Continuez à inciser avec le couteau en appuyant fermement jusqu'à ce que le sommet se détache.

**Ouvrir une noix de coco verte (3)** Retirez le sommet de la noix de coco et versez l'eau de coco qui se trouve à l'intérieur dans un récipient.

**Évider une pomme** Insérez un vide-pomme au centre de la pomme et sortez-le en le tournant pour retirer le cœur de la pomme.

**Trancher un poivron** Retirez le sommet et la base. Coupez le poivron en deux de haut en bas et retirez les graines et les membranes blanches. Coupez la chair en suivant les instructions.

**Décortiquer une crevette** Tenez le corps d'une main et tordez la tête de l'autre tout en la détachant. Retirez la carapace en commençant par le ventre. Si vous retirez la queue, pressez la queue de chaque côté pour retirer la carapace en même temps.

**Préparer une pâte à choux** Ajoutez la farine tamisée dans le mélange de beurre fondu et d'eau. Mélangez énergiquement avec une cuillère en bois sur le feu jusqu'à ce que la pâte se détache des parois de la casserole et forme une boule.

**Équeuter une fraise** La queue, appelée calice, est la partie verte située au-dessus de la fraise. Coupez autour du calice et dans la partie pâle de la chair afin de retirer le calice. Lavez et égouttez les fraises avant de les équeuter.

# glossaire

AÇAÏ, POUDRE l'açaï est un petit fruit rond contenant un gros noyau dur et non comestible et une peau pourpre. Le fruit a un goût semblable à un mélange de baies rouges et de chocolat. L'açaï serait riche en antioxydants même si cela n'est pas encore prouvé scientifiquement.

AGAVE, SIROP édulcorant naturel, appelé parfois nectar d'agave, originaire d'Afrique du Sud et du Mexique. Le sirop est issu de la sève d'un cactus, du même nom, aux feuilles longues et pointues et servant à confectionner la tequila.

ANETH plante aromatique utilisée fraîche ou séchée. On utilise également les graines d'aneth, entières ou moulues. L'aneth possède un parfum anisé et de céleri. Les feuilles fraîches ont une saveur plus subtile que l'aneth séché ou en graines.

AVOINE, FLOCONS grains d'avoine cuits à la vapeur, aplatis puis séchés et emballés.

BASILIC plante aromatique typique de la cuisine italienne.

pesto sauce italienne à base de basilic, d'ail, de pignons de pin, de parmesan et d'huile d'olive.

BEURRE vous pouvez utiliser du beurre doux ou demi-sel pour réaliser les recettes.

BICARBONATE DE SOUDE agent levant utilisé en cuisine.

BOISSON AU RIZ obtenue généralement à partir d'eau et de riz complet. Elle contient moins de protéines et de calcium que le lait de vache, mais elle a une teneur en glucides plus élevée et ne contient pas de cholestérol ou de lactose. La boisson au riz est plus fluide que le lait de vache ou la boisson au soja, plus transparente et possède un goût légèrement sucré.

BOISSON AU SOJA boisson à base de graines de soja écrasées dans de l'eau chaude et filtrées. Elle possède un goût végétal assez marqué.

CACAO EN POUDRE appelé aussi poudre de cacao. Il est fabriqué à partir de pâte de cacao dégraissée et réduite en poudre.

CANNELLE épice disponible sous forme de bâton ou de poudre. Il s'agit de l'écorce d'arbustes originaires du Sri Lanka qui s'enroule sur elle-même en séchant.

CARVI plante aromatique dont on utilise les graines comme épice. Il s'utilise entier ou moulu.

CHAPELURE pain rassis que l'on réduit en poudre et qui sert à saupoudrer certains plats.

CHOCOLAT NOIR il contient au moins 43 % de cacao. Il est très utilisé en pâtisserie.

CIBOULETTE plante proche de la ciboule, dont les feuilles ressemblent à des tubes.

CITRONNIER KAFFIR, FEUILLES les feuilles sèches ont un parfum moins fort et il faut doubler la quantité de feuilles utilisées. Vous pouvez remplacer chaque feuille de citronnier kaffir par un morceau de zeste de citron vert.

CLOU DE GIROFLE épice à la saveur très piquante, vendue entière ou moulue. Il s'agit du bouton des fleurs du giroflier, qui a la forme d'un clou. À utiliser avec parcimonie en raison de son parfum puissant.

CORIANDRE en Thaïlande, on utilise les racines et les tiges en cuisine. Lavez les racines soigneusement avant de les utiliser. Les graines de coriandre sont également utilisées en cuisine, mais ne remplacent pas les feuilles fraîches, car les arômes sont différents.

CORNICHON petite variété de concombre. Les cornichons sont préparés au vinaigre et sont plus ou moins gros.

COURGE, GRAINES graines de courge séchées et décortiquées. Elles sont vertes et possèdent un léger goût de noix.

COURGETTE légume plus ou moins long, à la peau plus ou moins vert foncé ou jaune. Les petites courgettes sont plus douces. Les fleurs sont également consommables.

CRÈME la crème utilisée dans cet ouvrage est généralement de la crème fleurette, c'est-à-dire une crème fraîche liquide.

crème fraîche il s'agit d'une crème épaisse vendue au rayon des produits frais.

CREVETTES il existe différentes variétés et tailles de crevettes. Elles peuvent s'acheter crues ou cuites, décortiquées ou non. La chair des crevettes est délicate et douce.

CUMIN plante aromatique originaire du Moyen-Orient appartenant à la famille des ombellifères. Le cumin possède un parfum épicé rappelant le curry. On le trouve entier ou moulu.

DUKKAH mélange égyptien à base d'amandes, de graines et d'épices.

FARINE

à pain il est possible d'utiliser différents types de farine pour préparer de la pâte à pain, qui peuvent être plus ou moins complètes.

avec levure incorporée il s'agit de farine de blé contenant de la levure chimique. Vous pouvez la préparer vous-même en mélangeant 100 g de farine et 2 cuillerées à café de levure chimique.

complète farine plus riche en gluten qui permet à la pâte à pain de bien lever.

de riz elle s'obtient en broyant les brisures de riz.

T55 farine de blé pour tous usages.

FÈVES les fèves fraîches doivent être pelées 2 fois. Il faut d'abord les écosser, les faire blanchir ou cuire avant de retirer la peau qui les entoure. Les fèves congelées sont vendues également déjà pelées.

FIL DE CUISINE fabriqué en coton ou en chanvre, il ne modifie pas le goût des aliments et ne fond pas à la cuisson.

FROMAGE

**bocconcini** nom venant du terme boccone qui signifie « bouchée » en italien. Mozzarella de la taille d'une noix. Un fromage délicat, mou et blanc. Il ne se garde pas longtemps et se conserve au réfrigérateur dans de l'eau pendant 2 jours maximum.

**brie** fromage au lait de vache, à pâte molle et à croûte fleurie.

**cheddar** fromage anglais à la pâte friable pouvant être remplacé par du cantal.

**chèvre** fromage préparé avec du lait de chèvre. Les fromages de chèvre ont une saveur assez prononcée. Ils possèdent de nombreuses formes différentes et sont plus ou moins affinés. Ils peuvent également être cendrés ou aux herbes.

**cream cheese** désigne généralement des fromages frais de type Philadelphia ou St Môret.

**feta** fromage frais au lait de brebis d'origine grecque à la saveur piquante.

**feta à l'huile** feta marinée dans de l'huile d'olive, de l'ail, des herbes et des épices. Disponible au rayon frais des supermarchés.

**gruyère** fromage suisse à pâte pressée cuite.

**haloumi** fromage originaire de Chypre qui présente la particularité de ne pas fondre à la cuisson.

**mascarpone** fromage frais italien très crémeux et onctueux.

**mozzarella** fromage italien à pâte molle au lait de bufflonne ou de vache. De texture caoutchouteuse, elle fond facilement.

**parmesan** fromage à pâte dure italien, appelé également parmigiano. À base de lait de vache, il reste dans un bain de saumure pendant 1 mois avant d'être affiné entre 12 et 24 mois.

**ricotta** le nom de ce fromage de vache à pâte molle blanche signifie « recuite ». Il est à base de petit-lait, un sous-produit d'autres fromages.

HARICOTS

**blancs** il s'agit ici d'un terme générique désignant toute variété de haricots blancs en boîte ou secs, comme les cannellini, les lingots blancs ou les cocos blancs.

**cannellini** petit haricot blanc très répandu en Italie.

**verts** haricot vert long et fin pouvant être consommé entier.

HUILE

**de son de riz** extraite à partir du son de riz qui est la pellicule protectrice entre le grain et la balle du riz. Son goût est peu marqué et subtil. Son point de fumée étant très élevé (240 °C), elle peut être utilisée pour les fritures et les cuissons à feu vif.

**de truffe** huile parfumée à la truffe. Faites attention lors de l'achat, car de nombreuses huiles à la truffe contiennent seulement de l'arôme artificiel de truffe, et non un arôme naturel.

**ICEBERG, LAITUE** salade verte ronde à feuilles croquantes.

**JALAPEÑO** piment vert relativement fort. Ce piment est vendu frais, au vinaigre, en bocal ou en conserve.

**LABNEH** fromage frais à base de yaourt, très répandu au Moyen-Orient. Pour obtenir le labneh, on égoutte du yaourt dans une mousseline. Il peut être dégusté nature ou roulé en boulettes, recouvertes d'herbes ou de fromage et conservées dans l'huile.

LAIT

**lait concentré sucré** il s'agit d'un lait en conserve qui ne contient que 25 % d'eau et auquel on a ajouté du sucre.

**LENTILLES VERTES DU PUY** petites lentilles rondes et plates qui ont la réputation d'être les meilleures lentilles vertes, car elles ont un léger goût poivré et ne se défont pas à la cuisson.

**LEVURE DE BOULANGER** agent levant. Comptez 7 g de levure sèche pour remplacer 15 g de levure fraîche.

**LIN, GRAINES** riches en fibres et en oméga-3 qui ont des bienfaits pour la santé cardiovasculaire.

**MATCHA** thé vert en poudre. Disponible dans les boutiques de thé ou les épiceries asiatiques.

**MAYONNAISE** sauce riche et onctueuse à base d'huile, de moutarde, de vinaigre et de jaune d'œuf. La mayonnaise utilisée dans nos recettes est de la mayonnaise entière.

**MÉLANGE D'ÉPICES POUR PAIN D'ÉPICES** mélange généralement à base de cannelle, d'anis vert, de gingembre, de muscade et de girofle.

**MENTHE** il existe de nombreuses variétés de menthe, notamment la menthe poivrée à la saveur plus piquante, la menthe douce et la menthe commune à la saveur plus douce.

MOUTARDE

**à l'ancienne** moutarde aux graines apparentes.

**de Dijon** moutarde jaune pâle, lisse, parfumée, plus ou moins forte.

**MUESLI** mélange de céréales (souvent des flocons d'avoine) et de fruits secs. Certains muesli sont grillés dans l'huile et le miel pour plus de croustillant, mais également plus de calories.

NOIX DE COCO

**copeaux** noix de coco coupée en copeaux.

**lait** extraction de la chair de la noix de coco râpée.

**râpée** chair râpée de la noix de coco séchée.

**ŒUFS** certaines recettes utilisent des œufs crus ou à peine cuits. Choisissez des œufs extrafrais et respectez les précautions d'usage concernant la salmonellose.

**ORIGAN** herbe aromatique dite aussi marjolaine sauvage. Elle possède une tige dure et ramifiée avec des petites feuilles ovales et vert foncé. Elle possède une odeur très aromatique rappelant celle du thym.

PAIN

au levain pain dont la pâte a été mise à lever avec du levain.

bagel petit pain rond au levain, en forme d'anneau, sans œuf, à la texture ferme et à la croûte croquante.

brioche pâtisserie faite avec une pâte levée, du beurre et des œufs.

ciabatta en italien, ce mot signifie « pantoufle », certainement en raison de la forme de ce pain blanc croustillant très apprécié.

muffins anglais petits pains ronds moelleux, généralement servis au petit déjeuner soit avec de la confiture, soit avec des œufs, du bacon ou du fromage. Coupez-les en deux dans l'épaisseur et faites-les griller.

pains à hot dog petits pains allongés à la pâte briochée. Souvent coupés au sommet mais pouvant être ouverts en deux sur le côté.

tortilla galette plate de farine de maïs ou de blé, originaire du Mexique.

turc pain rond et plat, appelé également pide. Il mesure environ 45 cm de diamètre, mais existe aussi en version individuelle. Il est à base de farine de blé et parsemé de graines de sésame ou de nigelle.

PAMPLEMOUSSE ROSE pamplemousse à chair rose.

PAPRIKA il s'agit de l'épice préparée à partir du poivron rouge moulu. Il existe plusieurs types de paprika, notamment le doux, le fort et le fumé.

PASTRAMI le nom vient du roumain « pastra » qui signifie « conserver ». Poitrine de bœuf cuite et fumée.

PERSIL PLAT plante aromatique. Le persil plat est plus parfumé que le persil frisé.

PIGNONS DE PIN il s'agit de la graine que l'on trouve dans les pommes de pin. Conservez-les au réfrigérateur.

POIVRON il faut retirer les graines et les membranes blanches avant de l'utiliser. Il est également vendu grillé en bocal.

POLENTA farine de maïs. La polenta traditionnelle met normalement 40 minutes à cuire mais il en existe aujourd'hui des versions précuites qui permettent de réduire le temps de cuisson.

QUINOA, FLOCONS vous les trouverez dans les magasins bio. Conservez-les dans un récipient hermétique au réfrigérateur car ils rancissent rapidement.

SAGOU bien que ressemblant à du tapioca, le sagou est différent. Il est extrait du sagoutier qui est un palmier, alors que le tapioca est extrait du manioc.

SAUCE

coulis de tomate sauce à base de tomates et éventuellement d'herbes et d'épices.

nuoc-mâm sauce asiatique appelée également sauce de poisson. Elle est préparée à base de poissons salés fermentés, généralement des anchois ou des calamars. Ayant un goût marqué, cette sauce doit être utilisée avec parcimonie.

sauce pimentée sucrée sauce à base de piments et de sucre.

Worcestershire condiment d'origine anglaise préparée avec de l'ail, de la sauce soja, du tamarin, des oignons, de la mélasse, du citron vert, des anchois, du vinaigre et des épices.

SAUGE plante aromatique aux petites feuilles vert pâle, au goût légèrement amer.

SAUMON poisson possédant peu d'arêtes et une chair orangée. La saveur du saumon est délicate.

SIROP D'ÉRABLE spécialité canadienne, fabriquée à partir de la sève de l'érable. Choisissez un véritable sirop d'érable canadien.

SUCRE

en poudre sucre blanc cristallisé.

glace il s'agit d'un sucre finement broyé et additionné de 3 % d'amidon.

roux sucre en poudre issu de la canne à sucre.

TAHIN pâte de sésame onctueuse très utilisée au Moyen-Orient, surtout au Liban. Il entre dans la composition du houmous.

TOMATE

concentré de tomates il s'obtient à partir de tomates réduites en purée. Il existe du triple ou double concentré de tomates.

grappe tomates possédant encore leurs tiges.

TOURNESOL, GRAINES graines séchées du tournesol.

TRUITE SAUMONÉE truite à chair rose. Peut être remplacée par du saumon.

VANILLE

extrait de vanille obtenu par macération de la vanille dans de l'eau. Il s'agit d'une version sans alcool de l'essence de vanille.

gousse de vanille fruit du vanillier. Les petits grains à l'intérieur de la gousse sont utilisés pour parfumer les desserts.

VINAIGRE

balsamique ce vinaigre brun foncé, doux et parfumé, est fabriqué à partir des raisins de la région de Modène en Italie. Utilisez les vinaigres balsamiques les plus chers en petite quantité.

blanc vinaigre incolore appelé aussi vinaigre d'alcool ou vinaigre cristal. Il est obtenu par acétification d'alcool de betterave.

de vin blanc vinaigre préparé à partir de vin blanc.

YAOURT nous avons utilisé du yaourt nature entier, sauf indication contraire.

yaourt à la grecque yaourt au lait de brebis ou de vache entier. Il possède une consistance onctueuse et lisse.

# index

## Q



## R



## S



## T



## V



## W



## Y

# marabout**chef**

Vous avez choisi *Brunchs entre amis*,
découvrez également :

*Cakes salés et sucrés*
*Barbecue & grillades*
*Pizza party !*

TESTÉ 3 FOIS • SUCCÈS GARANTI • TESTÉ 3 FOIS

Et toute la collection Marabout Chef :

## BIEN-ÊTRE

120 recettes pour rester mince
21 jours pour mincir - Tome 1
21 jours pour mincir - Tome 2
Recettes gourmandes pour diabétiques

## ENTRE AMIS

Apéros et mini-bouchées
Barbecue & grillades
Cakes salés et sucrés
Verrines salées et sucrées
Cocktails avec et sans alcool
Macarons & petits biscuits
Pizza party !
Un dîner parfait

## PRATIQUE

Recettes vite prêtes
Bocaux, confitures & chutneys maison
Gratins, lasagnes & crumbles salés
Les basiques de la cuisine française
Les meilleurs desserts
Salade Bar
Spécial machine à pain
Poissons et crustacés faciles
Sauces, vinaigrettes & salsa
Recettes minute à la cocotte
Spécial pomme de terre
Spécial étudiants
Les recettes familiales au fromage
Gâteaux de princesse

## CUISINE DU MONDE

Cuisine d'Asie
Cuisine du Japon
Cuisine indienne
Cuisine d'Italie
Spécial Maroc
Spécial Wok
Sushis & Cie
Cuisine thaïe pour débutants
Tex-mex maison

Publié pour la première fois en Australie sous le titre *Breakfast*.

Hachette Livre (Marabout) – 43, quai de Grenelle – 75905 Paris Cedex 15.

Traduction : Florence Raffy.
Mise en pages : les PAOistes.
Correction : Dorica Lucaci.
Suivi éditorial : Natacha Kotchetkova.

Achevé d'imprimer en novembre 2012 par Canale Bucarest, Roumanie.
ISBN : 978-2-501-08420-8
41.2664.5/01
Dépôt légal : janvier 2013